Destination Naples

Préparez votre voyage

Formalités d'entrée

Pour un voyage de moins de trois mois, il suffit d'une carte d'identité ou d'un passeport en cours de validité pour les citoyens de l'Union européenne (UE) et de la Suisse, et pour les Canadiens, d'un passeport en cours de validité.

Douane

La réglementation concernant les importations (alcool, cigarettes, etc.) est la même dans toute l'Union européenne. Pour plus de précisions, consultez les sites **www.douane.gouv.fr** et **www.agenziadogane.gov.it**.

Se rendre à Naples en avion

Le prix des billets varie considérablement selon la saison. Si vous partez en été, pendant les fêtes ou les vacances scolaires, réservez trois à quatre mois à l'avance pour bénéficier d'offres intéressantes. Pour un vol Paris-Naples comptez environ 2h de vol.

Lignes régulières

Air France – ✆ 3654- www.airfrance.fr. La compagnie propose 13 vols directs quotidiens Paris-Rome et 2 vols Paris-Naples.

Alitalia/AirOne – Réserv. ✆ 0 892 655 655- www.alitalia.fr La compagnie nationale italienne assure des liaisons régulières vers Naples au départ de Paris, Nantes, Clermont-Ferrand, Lyon, Toulouse, Marseille et Nice.

Consultez aussi le portail **www.opodo.fr** qui fédère les meilleures offres d'Air France et de plusieurs grandes compagnies internationales.

Compagnies « low cost »

Vous pouvez consulter flylc.com, le moteur de recherche des compagnies « low cost ». Easy Jet et Transavia assurent des vols réguliers vers Naples à des prix souvent très intéressants (mais tous les services à bord sont payants).

Easy Jet – ✆ 0 825 082 508 (France), 0 848 888 222 (Suisse)- www.easyjet.com. Vols au départ d'Orly.

Transavia – ✆ 0892 058 888 (France), +32 (0)70 66 0305 (Belgique)- www.transavia.com. Vols au départ d'Orly.

Se rendre à Naples en train

Renseignements SNCF – ✆ 36 35- www.voyages-sncf.com et www.trenitalia.com.

Pas de train direct Paris-Naples, prévoyez un changement à Milan. Il faut compter un peu plus de 12h de trajet, au minimum.

Depuis **Paris-Gare de Lyon**, départ en début de matinée, changement en début d'après-midi à Milano P. Garibaldi et arrivée à Naples vers 20h. C'est la liaison la plus rapide (12h16). Il existe également des liaisons intéressantes Paris-Naples (13 à 14h de trajet) *via* Milan et différentes villes suisses (Zurich, Bâle ou Genève) ; les départs ont lieu le matin, l'arrivée à Naples en milieu de soirée.

Arriver à Naples

En avion

➔Aéroport de Capodichino – 7 km au nord de Naples - ✆ 081 78 96 111 - www.portal.gesac.it. Il est relié à la ville par l'**Alibus** (6h30-23h30; ttes les 30mn; billet 3 € valable 1h30 avec les transports de Naples) jusqu'à la piazza Garibaldi (gare ferroviaire) et la piazza Municipio (station maritime). Comptez 19 € en **taxi** (les tarifs sont conventionnés).

En train

➔Stazione Centrale – **H2** Piazza Garibaldi, 69 - ✆ 89 20 21 - www.ferroviedellostato.it. De la gare, située dans la partie est de la ville, le bus R2 (5h20-23h30 ou 24h ; ttes les 10mn) emprunte le corso Umberto **FG2-3-4** et atteint la piazza Trieste e Trento **D6** via la piazza Municipio **E5,** au cœur du centre historique.

➔Dans les environs – La **Cumana** et la **Circumflegrea** (gare sur la piazza Montesanto) relient Naples à Bagnoli et à la région des champs Phlégréens. La **Circumvesuviana** (gare sur le corso Garibaldi) permet d'atteindre rapidement Herculanum, Pompéi, Castellammare, Vico Equense et Sorrento.

En bus

➔Stazione Autolinee – Piazza Garibaldi, 80 - ✆ 081 56 34 521. Arrivée des bus de la compagnie **Eurolines** (www.eurolines.fr et www.eurolines.be) au départ des plus grandes villes françaises et de Bruxelles.

VISITE

Artecard – La **Campania Artecard**, valable 3 jours (32 €, 25 € pour les 18-25 ans) ou 7 jours (34 €), donne droit à l'entrée gratuite ou à tarif réduit dans la plupart des musées et sites de Naples et de la région. La **Napoli Artecard**, valable 3 jours (21 €, 12 € pour les 18-25 ans), concerne seulement la ville de Naples. Ces deux cartes incluent aussi l'utilisation des transports. ✆ 800 600 601 - www.campaniartecard.it ou offices du tourisme.

Cartes et plans – À l'office du tourisme de l'aéroport, procurez-vous un plan mentionnant le réseau des transports en commun. À défaut, la *Mappa turistica della città*, éditée par le syndicat d'initiative de Naples, indique l'essentiel du réseau.

PAS DE PANIQUE !

Aide handicapés ✆ 081 76 47 693
Carabiniers ✆ 081 54 81 111
Objets trouvés ✆ 081 79 56 197
Police nationale ✆ 081 79 41 111
Police de la route ✆ 081 59 54 111
Police municipale ✆ 081 79 50 311
Urgences ambulances ✆ 118

La fameuse Fiat 500 sur la piazza del Plebiscito.

C. Goupi / age fo

Si vous souhaitez voyager de nuit, de **Paris-Gare de Lyon**, on rejoint Rome avec le Thello (départ en début de soirée de Paris, changement de train à Rome vers 10h le lendemain matin, arrivée à Naples autour de midi) - www.thello.com.

Depuis **Bruxelles**, aucun train direct vers Naples (changement à Bâle ou à Zurich). Renseignements : ✆ (0) 70 79 79 79- www.b-europe.com.

Pour la **Suisse** - Renseignements : ✆ 0 900 300 300- www.cff.ch.

Saisons et climat

Avril, **mai** et **juin** sont les mois les plus agréables pour profiter de Naples et de ses environs.

Septembre et **octobre** se révèlent aussi très doux, l'automne apportant une belle touche ocre à l'Italie. Septembre est particulièrement cher aux Napolitains puisqu'on fête alors le patron de la ville, San Gennaro. Attention, de nombreux établissements ferment en octobre.

L'**hiver** est clément, avec des variations de 4 °C à 12 °C. Vous arpenterez Naples en toute tranquillité, sauf pendant les fêtes de Noël. Le mois de décembre est en effet l'un des moments les plus festifs pour visiter la ville, notamment via San Gregorio Armeno, la rue des crèches.

Évitez le plein été : les Italiens, qui, en majorité, passent leurs vacances dans leur pays, s'ajoutent aux nombreux visiteurs étrangers. Résultat : des prix très élevés. Notez que les îles du golfe de Naples et la côte amalfitaine sont chères à n'importe quelle saison.

Pour en savoir plus

Offices de tourisme à l'étranger

Pour organiser votre voyage, adressez-vous en premier lieu à l'**ENIT** (Ente Nazionale Italiano per il Turismo), l'Office national italien de tourisme - www.enit.it

Paris – 23 rue de la Paix - 75002 - ✆ 01 42 66 03 96 - fax 01 47 42 19 74 - paris@enit.it

Bruxelles – 12 pl. de la Liberté - 1000 - ✆ (00 322) 647 11 54 - brussels@enit.it

Zurich – Uraniastrasse 32 - 8001 - ✆ (00 41) 43 466 40 40 - fax (00 41) 43 466 40 41 - zurich@enit.it

Toronto – 110 Younge Street - Suite 503 - Ontario M5C 1T4 - ✆ (416) 925 48 82 - fax (416) 925 47 99 - www.italiantourism.com

Offices de tourisme à Naples

Le syndicat d'initiative est très actif : **Azienda Autonoma di Soggiorno**, Cura e Turismo – Palazzo Reale- piazza Trieste e Trento **E6** - ✆ 081 25 25 711 - www.inaples.it. Il possède deux bureaux touristiques et édite l'indispensable mensuel gratuit *Qui Napoli* (hôtels, restaurants, manifestations culturelles).

Via San Carlo, 9 **DE6** - ✆ 081 40 23 94.

Piazza del Gesù **E3** - ✆ 081 55 12 701.

Lun.-sam. 9h30-18h30 (fermé 13h30-14h30 ; 13h-14h en hiver); dim. et j. fériés 9h-13h30 (13h en hiver).

L'**Ente Provinciale per il Turismo** (EPT) donne aussi de précieuses informations sur Naples et la Campanie.

À la gare **H2** - ✆ 081 26 87 79- *9h-20h.*

Piazza dei Martiri, 58 **D6** - ✆ 081 41 07 211- *lun.-vend. 9h-16h.*

➲ *Offices de tourisme des îles p. 84 et 88.*

Votre séjour de A à Z

Achats

Les tailles des vêtements italiens ne correspondent pas aux tailles françaises : retirez 2 tailles pour obtenir la taille française (un 44 italien correspond à un 40 français). Pour les chaussures, ajoutez une pointure (un 37 italien correspond à un 38 français).

Antiquités

Ne ramassez rien sur les sites archéologiques, fragments de pierre ou de mosaïque, même d'apparence anodine : la loi est très sévère en ce qui concerne ce type de vol. Veillez aussi à respecter les interdictions « Ne pas toucher » : le moindre frottement devient nuisible quand il est répété mille fois par jour.

Argent

Monnaie – L'unité monétaire de l'Italie est l'euro (€).
Change – Changez vos devises sur place : à l'aéroport, dans une banque, à la poste ou dans l'un des nombreux bureaux de change.
Chèques de voyage – Leur usage se limite à Naples et à certaines zones très touristiques. Vous les échangerez cependant sans problème dans toutes les banques.
Cartes de crédit – Vous trouverez des distributeurs de billets à Naples et sur les îles. Ne retirez jamais de sommes trop importantes : à Naples guettent les *scippatori* (voleurs à l'arraché). La plupart des hôtels et agritourismes acceptent le règlement par carte. Les petites pensions et les B & B se règlent en espèces. Pour s'épargner des taxes, voire prendre quelques libertés avec leur comptabilité, certains commerçants et restaurateurs prétextent parfois une transaction refusée sur leur terminal pour contraindre les étrangers à payer en espèces.

Blanchisserie

En ville, vous trouverez des pressings, assez chers, mais très peu de laveries automatiques, souvent situées autour des gares. Certains hôtels assurent ce service.

Cigarettes

L'Italie applique scrupuleusement les directives de l'Union européenne : il est interdit de fumer dans les lieux publics et les transports en commun. Cette interdiction s'applique aussi bien dans les restaurants que dans les bars, pubs ou discothèques. Le prix d'un paquet varie autour de 4,60 €.

Contrefaçon

Naples est une plaque tournante de la contrefaçon. Ne vous fiez pas à l'attitude apparemment désinvolte des policiers à l'égard des vendeurs et des acheteurs. Toute personne surprise en train d'acheter un souvenir issu de la contrefaçon encourt une amende pouvant s'élever jusqu'à 10 000 €.

Courrier

Les timbres *(francobolli)* s'achètent dans les postes et les bureaux de tabac : comptez 0,75 € pour envoyer une lettre (20 g) en Europe (1 € pour les autres pays) et environ une semaine pour qu'elle arrive à destination. Les boîtes aux lettres sont rouges ; les boîtes aux lettres bleues sont réservées au courrier international. La poste centrale de Naples, piazza Matteotti, est plutôt efficace mais souvent bondée : prenez un ticket et restez zen. Le site www.poste.it recense toutes les adresses des bureaux de poste (cliquez sur « ufficio postale »)
Naples - Posta Centrale, piazza Matteotti 2 **E4-5**- ✆ 081 79 04 744.

Électricité

Le voltage est le même qu'en France (220 V), mais l'écartement des prises de branchement varie par rapport aux normes françaises : il est recommandé de se munir d'un adaptateur.

Horaires

Restaurants – Ils sont généralement ouverts pour le déjeuner de 12h à 15h et pour le dîner de 19h à 0h. En juillet et en août, il est possible de dîner jusqu'à 1h, voire 2h du matin dans les pizzerias. Les établissements des stations balnéaires ferment hors saison, d'octobre à avril.
Magasins – En général, du lun. au sam. de 9h à 13h et de 15h30/16h à 20h. Pensez-y si vous souhaitez acheter un *panino* dans une épicerie. Le dimanche, certains pâtissiers sont ouverts jusqu'à 13h. Les boutiques ferment aussi une demi-journée par semaine. Dans les îles, la fermeture de l'après-midi peut être plus longue, mais les commerces restent ouverts tard le soir (22h), surtout en été.
Banques – Du lun. au vend. de 8h30 à 13h30 et de 14h30/15h à 16h/17h. Seules les plus importantes sont ouvertes le samedi matin. N'oubliez pas de prendre un ticket avec un numéro de passage ! Plus souples, les bureaux de change ouvrent de 9h à 19h30 et certains ne ferment pas entre 13h et 15h.
Postes – En règle générale, du lundi au vendredi de 8h à 13h30. Certains bureaux de poste sont ouverts l'après-midi jusqu'à 18h30 les jours ouvrables, et de 8h à 12h30 le samedi et les veilles de jours fériés.

Jours fériés

Un jour férié se dit *giorno festivo*, un jour ouvrable *giorno feriale*. Sont fériés les 1er et 6 janvier, dimanche et lundi de Pâques, 25 avril (anniversaire de la Libération de 1945), 1er mai, 2 juin (fête de la République), 15 août (Ferragosto), 1er novembre, 8, 25 et 26 décembre. En outre, en Italie, chaque ville fête son saint patron : San Gennaro à Naples, le 19 sept.

Médias

Journaux – À Naples, les principaux quotidiens étrangers sont disponibles un jour après leur parution. Les deux principaux quotidiens d'Italie sont *La Repubblica* (centre gauche ; www.repubblica.it), publiée à Rome, et son rival milanais, le *Corriere della Sera* (www.corriere.it), soucieux de neutralité.

La Stampa (centre-gauche ; www.lastampa.it) publiée à Turin, est le quotidien le plus diffusé. La presse sportive est pléthorique. D'autres s'intéresseront aux dossiers politiques fournis par l'hebdomadaire de gauche *L'espresso* (http://espresso.repubblica.it/). À Naples, le quotidien *Il Mattino* (généraliste, www.ilmattino.it) est une source d'information très riche, notamment pour les événements culturels.

Radios – Internet a avantageusement remplacé les grandes ondes pour les accros de radios. Les bilingues écouteront la radio publique Rai Uno (généraliste), Rai Due (musique) ou Rai Tre (culture), www.rai.it

Télévision – La télévision italienne produit nombre d'émissions de variété, talk-show et jeux, le plus souvent animées par de pulpeuses présentatrices. Quasiment pas un jour sans un magazine sur le football.

Musées et monuments

Horaires – En règle générale, de mars à octobre, 9h30-17h30, mais les horaires varient en fonction du site et de la saison. La plupart des musées ferment leur billetterie une demi-heure ou une heure avant la fermeture. Les monuments archéologiques et les parcs ferment 1h avant le coucher du soleil, soit aux alentours de 18h, d'avril à septembre. Hors saison, certains monuments obéissent à des horaires restreints (ouverts le matin et fermés l'après-midi).

La plupart des musées sont fermés le lundi et font souvent la sieste (à Naples, fermeture 13h-16h). Les sites très célèbres, comme Pompéi, se visitent tous les jours de l'année (sauf fêtes).

Tarifs – Les musées italiens sont chers (entre 3 € et 10 €), notamment les grands musées et monuments célèbres. Tarif réduit pour les moins de 25 ans et les étudiants, sur présentation de leur carte. Dans certains musées, l'entrée est gratuite pour les moins de 18 ans et les plus de 65 ans. Le **biglietto integrato** (10 € ; valable 2 jours) offre une entrée dans les sites et musées suivants : Palazzo e Galleria Nazionale di Capodimonte, Castel Sant'Elmo, Certosa Museo di San Martino (+ Museo Pignatelli, près du Lungomare).

Artecard, valable 3 jours, voir p. 1.

À l'occasion de la Semaine du patrimoine (*Settimana dei beni culturali*), dont la date est fixée d'une année sur l'autre, certaines institutions publiques ouvrent leurs portes gratuitement (renseignez-vous auprès des offices de tourisme).

Églises – Les églises sont ouvertes tous les jours, mais ferment généralement entre 12h30 et 16h ; visitez-les plutôt le matin. Les grandes basiliques sont ouvertes de 7h à 18h. Le dimanche, la plupart des églises n'ouvrent que le matin pour la messe : assister à un office en présence d'Italiens, même si l'on n'est pas croyant, est toujours un moment particulier. Laissez une offrande dans les petites églises ou chapelles : nombreuses sont celles qui survivent grâce aux dons des visiteurs. Une tenue appropriée est de mise.

Pourboire

Le service est inclus dans la note : on ne vous réclamera jamais de pourboire. Rien ne vous empêche cependant de laisser quelques euros après un bon repas. Les chauffeurs de taxi attendent que vous arrondissiez à leur avantage : à vous de décider.

Restauration

Voir aussi « Saveurs napolitaines », p. 111.

Ristorante, trattoria, osteria – Difficile de distinguer un restaurant d'une *trattoria*, d'une *osteria* ou d'une *locanda*. Pour faire simple, on dira que le *ristorante* sert une cuisine élaborée dans un cadre élégant, tandis que les *trattorie* et *osterie*, plus petites et souvent de gestion familiale, proposent une cuisine authentique à des prix plus abordables. Dans les *trattorie* typiques, le serveur (qui est souvent le propriétaire) vous annoncera les plats du jour à voix haute ou, s'il s'agit d'un menu unique, commencera à vous servir sans vous demander ce que vous souhaitez manger. Ne vous en étonnez pas et, afin d'éviter une addition salée, n'hésitez pas à demander la carte.

Les vins en pichet sont de qualité très variable. Sachez cependant que c'est souvent dans les établissements à l'allure modeste, *trattorie* familiales ou petites *osterie* et *pizzzerie* de quartier, que se vivent les meilleures expériences culinaires !

L'*enoteca* (bar à vins) offre une alternative agréable aux traditionnelles *trattorie*. C'est l'endroit idéal pour déguster un verre de vin en grignotant une *bruschetta*.

Manger sur le pouce (mangiare un boccone in piedi) – Les pressés se rabattront sur une pizza *al taglio* (à la part) ou un *panino*, simple ou *ripieno* (fourré). Les *panini* italiens ne ressemblent en rien à leurs pâles imitations françaises. Au *prosciutto* et à la mozzarella, végétarien ou aux antipasti, le *panino* est l'ami du voyageur et de celui qui aime manger au soleil, sur une place.

La *paninoteca* (boutique à sandwichs) propose une grande variété d'en-cas. Adressez-vous d'abord à la caisse pour régler votre consommation, puis, [22]avec votre ticket *(lo scontrino)*, récupérez votre commande au comptoir.

Le *tramezzino* (sorte de club-sandwich : tranches de pain de mie triangulaires garnies de viande, mayonnaise, tomates) semble recueillir la faveur des Italiens, mais n'est pas forcément le meilleur.

En dessert, n'oubliez pas de goûter aux savoureuses glaces à l'italienne *(gelato)*.

Santé

Les ressortissants de l'UE bénéficient d'une assistance sanitaire complète s'ils ont une pièce d'identité en cours de validité et la carte européenne d'assurance maladie (obtention auprès de la Caisse nationale d'assurance maladie sous quinze jours). Les citoyens des pays extra-communautaires conventionnés avec l'Italie peuvent bénéficier d'une assistance sanitaire temporaire ; les citoyens de pays non

conventionnés avec l'Italie doivent souscrire une assurance privée.

Maladies – Aucun problème à craindre, en dehors de l'insolation. En été, une longue exposition au soleil peut entraîner nausées et maux de tête. Portez un chapeau et hydratez-vous régulièrement.

Premiers secours – En cas de problème sérieux, il est conseillé de se faire transférer à Rome ou rapatrier.

Pharmacies – Les pharmacies italiennes *(farmacia)* sont signalées par une croix rouge et blanc. Les jours de fermeture, les noms des médecins et pharmaciens de garde sont affichés.

Médecins – La plupart des médecins et pharmaciens parlent une langue étrangère (français, anglais). Vous trouverez toujours un médecin à proximité, même sur une petite île comme Procida.

Urgences – Pour toute l'Italie du Sud, composez le **118** (Samu) ou le **115** (pompiers). Gratuit.

Savoir-vivre

Les Italiens vous accueilleront spontanément à bras ouverts. Quelques règles pour établir un bon contact.

À ne pas faire – Évitez de parler de la Camorra ou de la Mafia : les Napolitains souffrent beaucoup de cette image, et ce, d'autant plus que les pouvoirs locaux font de gros efforts pour lutter contre la criminalité et le racket organisé. Plus généralement, évitez les clichés qui peuvent blesser (notamment la rengaine « l'Italie du Nord fait vivre l'Italie du Sud »).

Ne prenez jamais de photos de personnes sans leur consentement.

Ne froissez pas les Italiens dans leurs croyances religieuses : respectez les lieux de culte (décoiffez-vous, restez discret), ne visitez pas les églises pendant la messe (sauf pour y assister).

Inutile de vous énerver si un musée ne respecte pas les horaires affichés ou si un bus arrive avec du retard : l'Italie est nonchalante, et c'est ce qui fait son charme. « Patience et longueur de temps font plus que force ni que rage » : nulle part l'aphorisme de La Fontaine n'aura acquis autant de valeur qu'en Italie du Sud.

Le langage des gestes – Les Italiens parlent avec les mains, mais que disent-elles ? Méfiez-vous de votre interprétation : de grands gestes ne traduisent pas forcément la colère. Une tape dans le dos est généralement bon signe. Ne vous offusquez pas non plus si votre hôte vous fait visiter la ville bras dessus, bras dessous. La pratique est courante, c'est un témoignage de confiance et d'amitié.

Sécurité

L'Italie du Sud en général, et Naples en particulier, souffre d'une mauvaise réputation, largement exagérée. La présence mafieuse existe encore, mais elle n'est pas visible et n'a aucune incidence sur le touriste lambda.

Le seul danger contre lequel vous aurez à vous prémunir est le *scippo*, le vol à l'arraché. Quelques règles toutes simples suffisent à éviter les mauvaises surprises : ne vous promenez pas avec un appareil photo en évidence, n'emportez jamais de sommes d'argent trop importantes (laissez vos biens les plus précieux à l'hôtel), conservez vos papiers d'identité sur vous et en aucun cas dans votre sac. Vous aurez soin d'éviter les quartiers difficiles le soir – les quartiers espagnols et de la Sanità à Naples. Fondez-vous dans la ville, restez sur vos gardes, mais inutile de devenir paranoïaque : en dehors des vols, la ville n'est pas dangereuse.

Téléphone

Les cabines fonctionnent à pièces et à carte. On peut se procurer des cartes magnétiques (scheda telefonica) dans les agences Telecom Italia ainsi que dans les bureaux de tabac. Prix des cartes : 1 €, 2,50 €, 5 €, 7,50 € et 10 €. Ne pas oublier de détacher le coin prédécoupé pour que la carte fonctionne !

Parmi les numéros utiles :

176 : renseignements internationaux (International Directory Assistance). Fournit des informations sur les numéros de téléphone à l'étranger, en italien et en anglais. Service payant.

170 : appels internationaux par l'intermédiaire d'opérateurs (Operator Assisted International Calls). Service payant.

Appels depuis l'Italie.

– vers la France : 00 + 33 + n° du correspondant sans le 0 initial ;
– vers la Belgique : 00 + 32 + n° de la zone sans le 0 + n° du correspondant ;
– vers le Luxembourg : 00 + 352 + n° de la zone sans le 0 + n° du correspondant ;
– vers la Suisse : 00 + 41 + n° de la zone sans le 0 + no du correspondant.

Appels à l'intérieur du pays – Composez l'indicatif de la ville commençant toujours par 0 + le n° du correspondant. Les numéros de téléphone mobile commencent par 3.

Transports

En voiture

Location – À envisager seulement si vous comptez sillonner la région. Les grandes sociétés internationales de location de véhicules sont présentes à l'aéroport et à la gare. Comptez à partir de 25 €/j. sur la base d'une location de 7 j. (TVA et assurance non incluses). Louer une voiture à Ischia est une bonne idée. Comme les loueurs sont très nombreux à Ischia Porto, n'hésitez pas à négocier, surtout en dehors de la saison estivale.

Cartes routières – Pensez à vous munir de cartes routières avant de partir : cartes Regional Michelin 564 (Italie du Sud), Local Michelin 362 (Campania, Basilicata) ou Atlas routier et touristique Michelin Italie. Calculez votre itinéraire sur www.viamichelin.fr.

Conduite – Les Italiens roulent vite, ils téléphonent en conduisant (même à scooter) et vous collent s'ils vous trouvent trop lent : gardez votre calme ! Pour traverser un passage clouté, le piéton doit s'imposer et ne jamais hésiter une fois qu'il s'est engagé !

Essence – En Italie, c'est le pompiste qui vous sert, sauf à Ischia où toutes les pompes sont en self-service (prévoyez des billets de 10 €). Attention, sur les routes, les stations-service ferment de 12h30 à 15h. Les carburants sont plus chers qu'en France (1,79 € le litre d'essence sans plomb ; près de 2 € dans les îles).

Garer sa voiture en ville – Se garer à Naples est un casse-tête, et la plupart des hôtels du centre n'ont pas de parking privé. Si votre véhicule doit passer la nuit dehors, confiez-le à un parking gardé, c'est le seul moyen de le retrouver intact. Compte tenu du nombre insuffisant de garages privés, de leur prix élevé et de la circulation limitée dans le centre historique, la meilleure solution est d'oublier la voiture ! Ailleurs, les parkings payants sont souvent hors de prix, en particulier dans les villages de la côte amalfitaine. Les cartes de stationnement à gratter *(gratta e parcheggia)* s'achètent dans les bureaux de tabac, kiosques à journaux ou cafés. On trouve des horodateurs dans les grandes villes. Connaître le code des couleurs est indispensable : jaune pour interdit, bleu pour payant (8h-20h) et blanc pour gratuit. Les panneaux rectangulaires *Zona a traffico limitato riservata ai veicoli autorizzati* signalent le début d'une zone à trafic limité. Évitez de pénétrer dans ces quartiers anciens aux ruelles étroites sous peine d'amende.

En cas d'accident – Un constat devra être établi par un agent de police auquel vous demanderez une copie pour votre assurance. Pour bénéficier du secours routier de l'ACI (Automobile Club d'Italia), composez le 803 116.

En transports en commun

À Naples, le réseau **Unico Campania** comprend des lignes de métro et de bus, un tramway et plusieurs funiculaires.

Tickets Unico Napoli et Giornaliero – Ils s'achètent dans le métro, les kiosques et les bureaux de tabac : 1,30 €, valable 90mn à Naples sur l'ensemble du réseau. Ils permettent de prendre le bus, le tram, le funiculaire et le métro. On ne saurait trop vous conseiller d'acheter un **billet giornaliero** (3,70 €) ou **week-end giornaliero** (3,10 €, valable seulement le sam. et le dim.). Pendant une journée et jusqu'à minuit, il vous permettra d'utiliser à volonté tous les transports en commun de la ville.

Métro – La **ligne 1** relie le nord de la ville et le Vomero au centre de Naples (Spaccanapoli et Centro monumentale) jusqu'à la piazza Garibaldi. La **ligne 2** traverse la cité d'est en ouest, de Pozzuoli à la piazza Garibaldi et Gianturco. La ligne 6, qui relie pour l'instant Mergellina à Mostra, devrait normalement être prolongée jusqu'à la piazza Municipio à l'horizon 2014 au plus tôt.

Bus - L'idéal est de se procurer un plan, mais il ne sera certainement pas à jour, étant donné les changements de parcours qu'impose le chantier du métro. La meilleure solution est de consulter le site de l'Azienda Napoletana Mobilità, sur lequel vous pourrez préparer votre parcours : www.anm.it.

Dans les îles et sur la côte – À Capri (en dehors du funiculaire), Ischia ou Procida, le bus est l'unique moyen de transport collectif. Différents forfaits sont proposés par Unico Campania : Unico Costiera, Unico Ischia, etc. Rens. : www.unicocampania.it

Hôtels ? Restaurants ?
Savourez
les meilleures adresses !

MICHELIN
France
le guide
MICHELIN

Funiculaires – Ils permettent de rejoindre le Vomero en quelques minutes : funiculaire central (de la piazzetta Augusteo- via Toledo à piazza Fuga), funiculaire de Chiaia (de la via del Parco Margherita à la via Cimarosa ; accès par le corso Vittorio Emanuele) et funiculaire de Montesanto (de la piazza Montesanto à la via Raffaele Morghen). Le funiculaire de Mergellina (à proximité du port Sannazzaro ; accès par le tunnel della Vittoria) relie la via Mergellina à la via Manzoni.

À deux-roues

Il faut présenter votre permis de conduire et une pièce d'identité. Le paiement s'effectue d'avance. Le port du casque est obligatoire : pour votre sécurité, demandez-en un à votre loueur. Vérifiez toujours l'état du véhicule. Si le deux-roues est le moyen idéal pour découvrir Ischia, Procida, voire éventuellement Capri, gardez-vous de conduire à Naples, véritable enfer pétaradant réservé aux initiés. Comptez de 20 à 25 €/j. Là encore, toute possibilité de négociation n'est pas exclue, surtout hors saison.

En bateau

Vous prendrez le bateau à Naples pour rejoindre Capri, Ischia et Procida *(voir p. 84 et p. 88)*. Les liaisons sont fréquentes. Elle s'effectuent en **ferry** (lent et confortable, moins cher) ou en **hydroglisseur** (rapide, plus onéreux, où il est souvent impossible de bronzer, voire de s'asseoir en haute saison !). Le bateau est aussi un moyen agréable de visiter les villes de la côte amalfitaine. Attention, ces excursions peuvent revenir cher.

Informations générales

Metròdelmare – www.metròdelmare.it. Les principales compagnies :

Alilauro – ✆ 081 49 72 222 - www.alilauro.it.

Caremar – ✆ 081 55 13 882 - www.caremar.it.

Gescab – ✆ 081 70 41 921 - www.consorziolmp.it.

NLG – ✆ 081 55 20 763 - www.navlib.it.

SNAV – ✆ 081 42 85 555- www.snav.it.

En taxi

Assurez-vous que le compteur fonctionne quand vous montez à bord. Sinon, entendez-vous sur un prix avec le chauffeur (par exemple, 20 € pour aller de la gare de Naples au centre-ville). Les tarifs sont moins élevés qu'en France, mais la note peut être salée si vous restez coincé dans les embouteillages. Attention aux tarifications spéciales. (dim., jours de fête, etc.). Les taxis décapotables à vélum de Capri sont hors de prix, mais tellement chics !

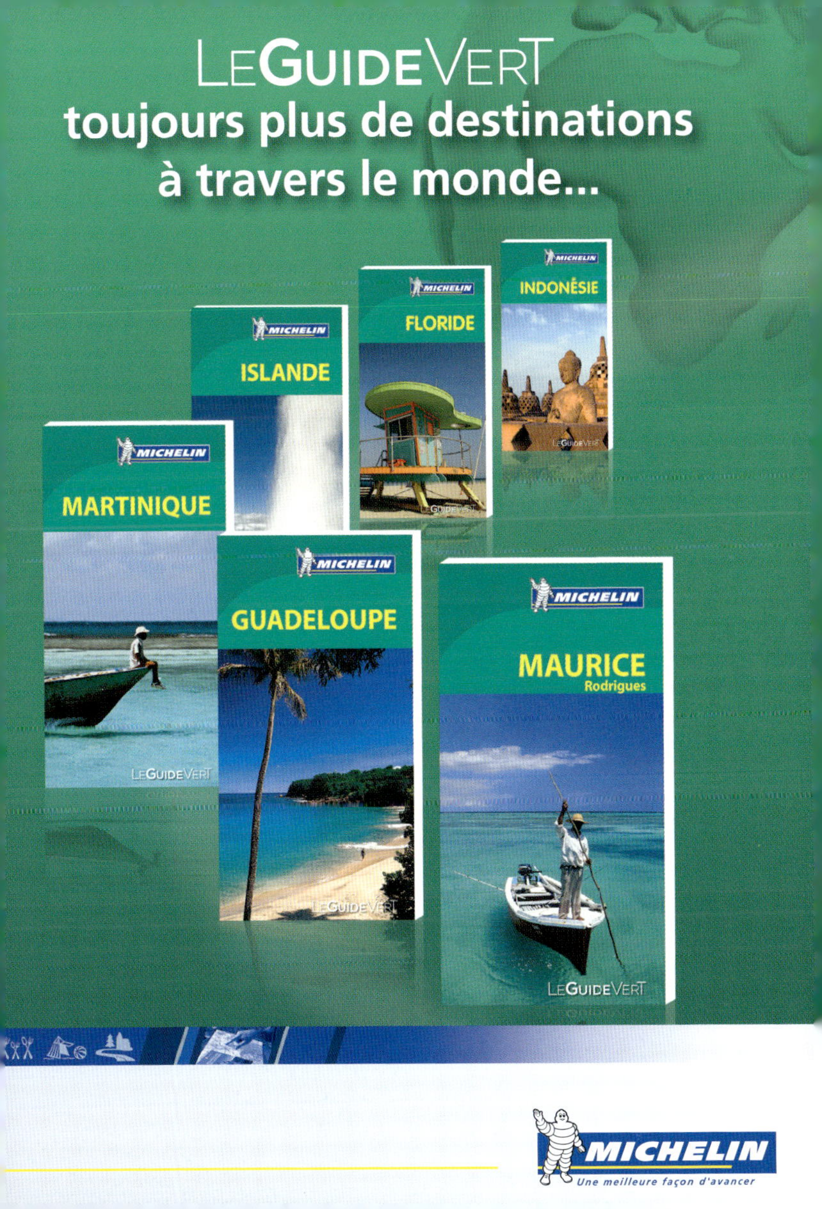
LEGUIDEVERT
toujours plus de destinations
à travers le monde...
MICHELIN
INDONÉSIE
MICHELIN
FLORIDE
MICHELIN
ISLANDE
MICHELIN
MARTINIQUE
LEGUIDEVERT
MICHELIN
GUADELOUPE
LEGUIDEVERT
MICHELIN
MAURICE
Rodrigues
LEGUIDEVERT
MICHELIN
Une meilleure façon d'avancer

Agenda culturel

Rendez-vous annuels

Festival, fêtes religieuses et rendez-vous culturels : le calendrier festif napolitain et campanien est d'une grande richesse.

JANVIER

➔**Épiphanie** – (6 janvier) - La Befana (sorcière) récompense les enfants sages d'une friandise et donne un morceau de charbon aux autres.

➔**O Cippo 'e Sant'Antonio** – (17 janvier) - Grand nettoyage de début d'année. Les habitants brûlent les sapins et leurs vieilleries sur les places publiques.

FÉVRIER

➔**Carnaval** – (avant le merc. des Cendres) - Défilés de carnavaliers déguisés à Naples et dans différentes villes de Campanie.

MARS/AVRIL

➔**San Giuseppe** – (19 mars) Marché aux oiseaux dans la via Medina à Naples.

➔**Semaine sainte** – À Pâques, les processions de la Semaine sainte donnent lieu à des cérémonies grandioses et colorées, des grandes villes aux petits bourgs. Dans certains villages, on peut assister au spectacle des *vattienti*, ces flagellants qui se torturent les chairs jusqu'au sang. Ailleurs, des pénitents portent des buissons de ronces sur la tête et les épaules nues.

À **Procida**, impressionnante procession du Vendredi saint.

MAI

➔**Miracle de San Gennaro** – (Le 1er samedi de mai et le 19 septembre), le peuple assiste à la liquéfaction du sang de San Gennaro (saint Janvier), patron de Naples.

➔**Mai des monuments** – Pendant six week-ends, Naples vit au fil des manifestations culturelles. Également visites guidées et ouverture de certains monuments habituellement fermés au public.

➔**Wine & The City** – Pendant quatre jours (3e sem.), le vin est célébré dans une centaine de lieux de la ville ; www.wineandthecity.it.

JUIN

➔**Régate des républiques maritimes antiques** – (1er dimanche de juin) Les quatre républiques maritimes d'Italie (Pise, Gênes, Venise et Amalfi) s'affrontent lors de joutes nautiques en costumes d'époque. Les quatre villes organisent la manifestation à tour de rôle. Prochaine régate à Gênes (2014).

➔**Ischia Film Festival** – (fin juin) - Le festival porte sur les relations entre cinéma et nature ; www.ischiafilmfestival.it.

➔**Estate a Napoli** – (19 juin-30 sept) - Près de 150 événements (spectacles, films, etc.) en divers lieux de la ville durant tout l'été ; www.comune.napoli.it.

JUILLET/AOÛT

➔**Ravello Festival** – Concerts et poésie durant tout l'été dans les plus beaux sites de la ville. Pour le programme, consultez www.ravellofestival.com.

➔**Fête de la Madonna del Carmine** – (15 juillet) Autour de l'église Santa Maria del Carmine sur la piazza Mercato à Naples.

➔**Neapolis Live Festival** – (2e w.-end de juil.) Grosses pointures internationales du rock. Le festival se tient désormais à Giffoni Valle Piana, près de Salerno ; www.neapolis.it.

➔**Sant'Anna** – (26 juillet) Défilé de chars aquatiques et feux d'artifice sur l'île d'Ischia ; www.festadisantanna.it.

➔**Assomption** – (15 août) Procession sur la plage dédiée à la Vierge noire et reconstitution du débarquement des Sarrasins à Positano.

➔**Festivals d'été de Positano et Sorrentò** – (juillet à septembre) Festival international de musique de chambre à Positano ; http://icmcfestival.com. Le festival Sorrento Classica propose une série de concerts de musique classique.

SEPTEMBRE

➔**Settembrata Anacaprese** – Un mois de jeux et de gastronomie à Anacapri.

➔**Pizza Fest** – Spectacles et divertissements autour de la pizza organisés par l'Associazione Verace Pizza Napoletana.

➔**Fête de Piedigrotta** – (7 septembre) Cérémonie religieuse dans l'église de la Madone de Piedigrotta à Mergellina, suivie d'un feu d'artifice en soirée sur le port.

➔**Miracle de San Gennaro** – Le 19 septembre (et le 1er samedi de mai), le peuple assiste à la liquéfaction du sang de San Gennaro (saint Janvier), patron de Naples.

DÉCEMBRE

➔**Immaculée Conception** – (8 décembre) Début officiel des fêtes de Noël.

➔**Fêtes de Noël** – La crèche et la messe de minuit perdurent dans la tradition napolitaine, également très attachée au culte des morts. La via San Gregorio Armeno, la rue des santons, est en pleine effervescence.

➔**Sorrento Jazz**– Concerts de jazz lors de la 2e quinz. du mois ; www.sorrentojazz.it.

➔**31 décembre** – Feu d'artifice au Castel dell'Ovo et concert sur la piazza del Plebiscito.

Vie nocturne

Naples incite au vagabondage nocturne. Les lieux festifs ne manquent pas : piazza Bellini **E2**, piazza del Gesù Nuovo **E3**, piazza dei Martiri **D6**, Castel dell'Ovo et via Partenope **D8**, piazza Vanvitelli **B4** et autour, Mergellina **hors plan par A8**…
Après la *passeggiatta* et l'apéritif de début de soirée, les Napolitains sortent une fois qu'ils ont dîné, aux alentours de minuit. Premier arrêt : les bars et pubs ouverts sur la rue. La fin de la nuit se passe en discothèque, sur la plage ou dans la rue.
Pour tout savoir sur l'actualité musicale et festive, consultez le mensuel *Napoli Zero* (dans les offices de tourisme ou sur http://napoli.zero.eu).
Le site Internet de la commune de Naples (www.comune.napoli.it ; en anglais et en italien) répertorie tous les événements culturels par genres.

Pizza margherita.

Food Collection /

Nos adresses

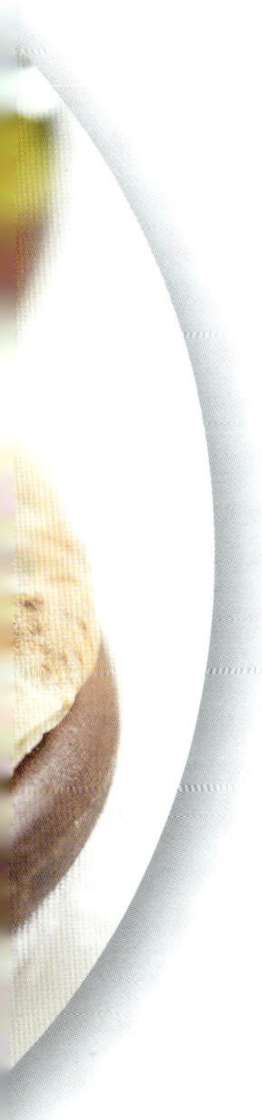

Se loger

Ne vous fiez pas aux étoiles pour juger les **hôtels** italiens : certains les ont acquises il y a trente ans. Naples dispose d'un parc hôtelier certes petit, mais relativement abordable comparé au reste de l'Italie.

Très répandus, les **B & B** offrent une alternative chaleureuse à l'hôtel. À Naples, ceux du Lungomare valent largement les hôtels de luxe voisins et ne sont pas plus chers. Conséquence : ces chambres sont prises d'assaut et il faut réserver au moins deux mois à l'avance en haute saison.

Pour être dans le vif du sujet, choisissez un hôtel dans le centre historique (Spaccanapoli) ou à ses abords. Évitez le quartier de la gare. Autant vous prévenir, Naples ne dort jamais. La Vespa, son âme pétaradante, poursuit les dormeurs dans leur sommeil.

En dehors de Naples, privilégiez dans la mesure du possible le **tourisme rural**. Cette formule conviviale et aux prix toujours abordables permet de rencontrer les gens du pays, loin de la foule, et de goûter aux spécialités du terroir.

Enfin, la **location d'appartements** (http://locappart.com) peut constituer une bonne formule pour un week-end à plusieurs.

Pour Naples, les adresses sélectionnées ci-après sont positionnées sur le plan détachable à l'intérieur de la couverture ; elles sont repérables grâce à des pastilles numérotées (ex. ❶). Les coordonnées en rouge dans le texte font référence au plan détachable.

Naples

SPACCANAPOLI

DE 50 À 70 €

❶ **Hotel Europeo** – F3 - *via Mezzocannone, 109C - ✆ 081 55 17 254 - www.hoteleuropeonapoli.com - 25 ch. 50 €.* Située en face de la plus ancienne université de Naples, cette adresse dissimulée aux 3e et 4e étages d'un édifice en fond de cour propose de petites chambres parfaitement tenues et à des prix très compétitifs. Décoration simple et agréable, aux murs rehaussés de jaune, et salles de bains tout à fait convenables. Accueil souriant et serviable.

DE 70 À 90 €

❷ **B & B Palepoli** – F3 - *vico dei Maiorani, 29 - ✆ 334 32 65 219 ou 081 19 57 28 88 - www.palepoli.com - 3 ch. 75/89 € - .* En plein cœur de Spaccanapoli, cette adresse est nichée au 1er étage d'un vieil édifice emblématique du centre historique, et son ex-voto éclairé à l'entrée, ses hauts plafonds. Belles chambres spacieuses, avec mezzanine, décorées simplement mais agréablement, et ornées de jolis carreaux de céramique. Petit-déjeuner typiquement napolitain à prendre dans un café situé à deux pas.

❸ **Belle Arti** – E2 - *via Costantinopoli, 27 - ✆ 081 55 71 062 - www.belleartiresort.com - 7 ch. 80/95 €.* Ce petit hôtel propose de belles chambres de caractère à quelques encablures du Musée archéologique, dont certaines avec plafond peint d'origine. Jolies photographies d'un jeune artiste de talent, décorant l'entrée et le couloir.

DE 90 À 120 €

❹ **Zia Maria Home** – **F2** - *piazza San Gaetano, 322 - ✆ 349 18 79 087 - www.ziamariahome.it - 6 ch. 95 €*. Perchée au dernier étage d'un immeuble (avec ascenseur) faisant face à l'église San Paolo Maggiore, cette adresse dispose de chambres modernes, dépouillées et lumineuses, ainsi que d'une magnifique terrasse panoramique s'ouvrant sur les toits de Spaccanapoli et les collines environnantes.

❺ **B & B Donna Regina** – **F1** - *via Luigi Settembrini, 80 - ✆/fax 081 44 67 99 - www.discovernaples.net - 5 ch. 93 €*. Un véritable B & B à l'intérieur d'un ancien monastère du 13e s., occupant le vaste appartement de la famille Mazzela. Grand salon bohème avec ses nombreux objets d'art et ses hauts murs couverts de tableaux. La terrasse ensoleillée s'ouvre sur l'ancien cloître. Domenico, le propriétaire, épris de sa ville, est également guide indépendant. Chambres colorées et pleines de charme.

❻ **M Gallery** – **FG1** - *via Carbonara, 111/112 - ✆ 081 01 60 111 - www.mgallery.com - 143 ch. 85/115 € - ☕ 12 €*. Magnifique palais historique entièrement rénové, avec son altière façade sur la grande via Carbonara, en pierre de lave, et son cloître dissimulé à l'arrière. Chambres contemporaines, spacieuses et confortables. Service attentionné. Brunch artistique le samedi.

LE CENTRE MONUMENTAL

DE 80 À 100 €

❼ **Al Maschio Angioino** – **E5** - *via S. Brigida, 51 - ✆ 081 55 22 826 ou 349 53 23 973 - www.almaschioangioino.it - 2 ch. 80/90 € - ⊭*. Situées dans un élégant édifice du 19e s. au cœur du centre monumental, les deux chambres d'hôte de Patricia vous charmeront avec leur mobilier antique et leur balcon face à la baie. La maîtresse de maison est une vraie passionnée de Naples : elle improvisera un itinéraire à votre convenance et vous fera sans doute goûter à l'une des recettes gourmandes locales, qu'elle connaît sur le bout des doigts. Ne manquez pas de faire un tour sur le balcon de son appartement, qui donne directement sur le Castel Nuovo.

❽ **Spaccanapoli Comfort Suites** – **D4** - *via F. Girardi, 37 - ✆ 081 41 78 09 - www.bbspaccanapoli.com - 6 ch. 80/95 €*. Retirée à l'intérieur d'un palais sur les hauteurs des *quartieri Spagnoli* (contrairement à ce que son nom laisse supposer), cette adresse propose des chambres spacieuses, confortables et parfaitement équipées (dont trois suites situées au dernier étage de l'édifice), avec hauts plafonds et tableaux contemporains accrochés aux murs. Belle salle de petit-déjeuner, couronnée d'un plafond aux stucs finement dorés.

CHIAIA/LUNGOMARE

MOINS DE 80 €

❾ **B & B Casomone** – **D6** - *via Filangieri, 11 - ✆ 081 19 56 91 26 ou 329 37 78 539 - www.casamone.com - 2 ch. 70 € - ⊭*. Isolées à l'intérieur d'un appartement dédié à leurs hôtes, les deux chambres (baignées de lumière) de Giorgio et de Celina – couple italo-mexicain avenant – dominent tout Chiaia : l'une s'ouvre vers la mer et Capri tandis que la seconde regarde vers le palais Cellamare et la colline du Vomero. Les deux grandes terrasses vous permettront de profiter pleinement des deux points de vue. Cuisine à disposition.

DE 70 À 100 €

⑩ **B & B Napul'é** – A7 - *via Riviera di Chiaia, 92 - ✆ 081 19 72 19 72 ou 392 72 79 435 - www.napulehotel.com - 5 ch. 75/95 €.* En face de la station de métro Arco Mirelli (ligne 6), le B & B de Valeria propose des chambres d'une propreté impeccable, au sol couvert de jolis carreaux bleus : deux d'entre elles s'ouvrent sur la mer et disposent d'une mezzanine, idéale pour les familles. Salles de bains décorées de majolique.

DE 100 À 130 €

⑪ **Chiaja Hotel de Charme** – D6 - *via Chiaia, 216 - ✆ 081 41 55 55 - fax 081 42 23 44 - www.chiaiahotel.com - 33 ch. 100/130 €.* L'hôtel occupe l'ancien appartement du marquis Nicola Lecaldano Sasso La Terza, au 1er étage d'un palais nobiliaire du 17e s., à proximité de la piazza del Plebiscito. Les chambres sont décorées av ec goût et dotées de tout le confort moderne. Atmosphère pleine de charme.

VOMERO

DE 100 À 180 €

⑫ **San Francesco al Monte** – D4 - *Corso V. Emanuele, 328 - ✆ 081 42 39 111 - www.hotelsanfrancesco.it - 45 ch. 100/180 €.* Ancien couvent situé en contre bas de la chartreuse San Martino, diposant de chambres confortables avec vue panoramique sur la baie de Naples et/ou le Vésuve. Petit-déjeuner servi sur une vaste terrasse et piscine perchée sur les hauteurs du domaine entouré de vergers.

Le golfe de Naples

BACOLI

DE 70 À 90 €

Villa Oteri – *Via Lungolago, 174 - ✆ 081 52 34 985 - fax 081 52 33 944 - www.villaoteri.it - P - 9 ch. 75/90 €.* Villa du début du 19e s., élégante et raffinée, proposant des chambres feutrées décorées de beaux tissus. Pour profiter des richesses des champs Phlégréens en toute tranquillité, face au lac de Bacoli.

MASSA LUBRENSE

DE 70 À 90 €

Agrimar – *Via Vincenzo Maggio, 40 (en dir. du port) - ✆ 081 80 89 682 - fax 081 53 30 749 - www.massalubrense.it/agrimar.htm - ouv. avr.-oct. - P - 6 ch. et 1 appart. Env. 70 €.* Un agritourisme à 30 m seulement de la mer, à laquelle on accède par un chemin privé. Six bungalows simples équipés de salles de bains, à l'ombre des oliviers. Terrasse panoramique, salle de restaurant et petit coin bibliothèque. Pour profiter de la nature en toute quiétude.

VICO EQUENSE

DE 50 À 70 €

La Ginestra – *Via Tessa, 2 - loc. S. Maria del Castello - 10 km au sud-est de Vico*

Quartieri Spagnoli, de nuit.

Equense en direction de Moiano - ✆/fax 081 80 23 211 - www.laginestra. org - P *- 7 ch. 55/70 €.* À 600 m d'altitude sur les pentes du monte Faito, une ferme datant du 17e s. avec terrasses en espalier et aire de jeux pour enfants. Vastes chambres bien tenues, pouvant accueillir jusqu'à 6 pers. Vente des produits biologiques de la ferme : huile d'olive, confiture, miel, etc.

SANT'AGATA SUI DUE GOLFI

DE 80 À 110 €

Hotel Sant'Agata – *Via dei Campi, 8/A - ✆ 081 80 80 800 - fax 081 53 30 749 - www.hotelsantagata.com - ouv. mars-oct. -* P *- ✕ - ≋ - 42 ch. 85/105 €.* Situé à 500 m du village et à 6 km de Sorrento, voici un établissement spacieux et lumineux, aux chambres décorées avec goût et à la cuisine soignée. Bon rapport qualité-prix et point de départ idéal pour découvrir les beautés de la côte amalfitaine et les sites de Pompéi et d'Herculanum.

Capri

DE 90 À 150 €

Il Giardino dell'Arte – *Traversa La Vigna, 32B -* **Anacapri** *- ✆/fax 081 83 73 025 - www.capri-ilgiardino.com - 5 ch. 90/150 €.* Dans le quartier calme de l'église Santa-Sofia. Chambres accueillantes, toutes différentes et dotées d'une terrasse ouvrant sur la mer, avec faïences et têtes de lit en fer forgé.

DE 110 À 150 €

Da Giorgio – *Via Roma, 34 -* **Capri** *- ✆ 081 83 75 777 - fax 081 83 70 898 - www.dagiorgiocapri.com - ✕ - 115/150 €.* À 100 m de la fameuse Piazzetta, un petit hôtel-restaurant en position panoramique sur le golfe de Naples. Les chambres sont simples, mais lumineuses. Restaurant pour goûter aux saveurs traditionnelles ou à une bonne pizza.

Ischia

DE 80 À 120 €

Villa Antonio – *Via S. Giuseppe della Croce, 77 -* **Ischia Ponte** *- ✆ 081 98 26 60 - www.villantonio.it - 20 ch. 80/120 €.* À l'entrée de la baie, face au Castello Aragonese, cet hôtel tenu par une famille d'artistes bénéficie d'un site incomparable. Petite plage de rochers privée.

Casa Sofia – *Via Sant'Angelo, 29/B -* **Sant'Angelo -** *✆ 081 99 93 10 - fax 081 90 49 28 - www.hotelcasasofia. com - fermé 10 nov.-15 mars - 11 ch. 90/110 €.* La Casa Sofia est une adresse précieuse, réputée et estimée par une clientèle de voyageurs curieux et romantiques. Panorama et site enchanteurs, gentillesse des propriétaires… à vous de découvrir le reste.

DE 130 À 170 €

Il Monastero – *Castello Aragonese -* **Ischia Ponte** *- ✆ 081 99 24 35 - fax 081 99 18 49 – www. albergoilmonastero.it. - ✕ - 21 ch. 130/170 €.* Pour une nuit de rêve dans un ancien monastère du Castello Aragonese. Chambres petites mais joliment décorées, dont certaines avec vue éblouissante sur la mer. Restaurant gastronomique (cuisine traditionnelle).

Procida

DE 90 À 150 €

La Casa sul Mare – *Via Salita Castello, 13 (entre le port et Terra Murata) - ☏/fax 081 89 68 799 - www.lacasasulmare. it - 10 ch. 90/150 €.* Un ancien palais du 18e s. offrant des chambres de charme sur deux niveaux. Coup de cœur pour celles du bas, étroites, fraîches et hautes de plafond, avec leur terrasse dominant Marina Corricella.

La côte amalfitaine

AMALFI

DE 80 À 130 €

Residenza Luce – *Via Frà Gerardo Sasso, 4 - ☏ 089 87 15 37 - www. residenzaluce.it - 10 ch. 80/130 €.* À deux pas du Duomo, des chambres confortables, certaines dotées d'un balcon, avec lit en mezzanine. Décor simple teinté d'une touche de modernité. Calme absolu (double vitrage) et propreté irréprochable.

POSITANO

DE 70 À 90 €

B & B Casa Cuccaro – *Via Nocelle, 28 - ☏ 089 87 54 58 - www.casacuccaro. it - fermé janv.-fév. - P - 6 ch. - 75/85 €.* Perchée au cœur du village de Nocelle, à deux pas du sentier des Dieux, la maison de Peppe et Geraldina offre une vue plongeante sur la côte amalfitaine et la mer. Décorées avec simplicité, les chambres, parfaitement tenues, disposent toutes d'un balcon panoramique. Petit-déjeuner sur la grande terrasse du haut, fleurie de bougainvilliers.

RAVELLO

DE 100 À 170 €

Villa San Michele – *Via Carusiello, 7 (sur la route nationale, à 6 km de Ravello) - ☏ 089 87 22 37 - www.hotel-villasanmichele.it - fermé mi-nov.-mi-fév. - P - 12 ch. 100/170 €.* En à-pic sur la mer, hôtel bercé par le murmure des vagues, avec une vue magnifique sur le golfe et sur le cap d'Orso. Jardin luxuriant, escalier descendant à la plage et chambres lumineuses, aux dominantes de blanc et de bleu et aux pavements de majolique ancienne.

SALERNO

DE 80 À 100 €

B & B Villa Avenia – *Via Torquato Tasso, 83 - ☏ 089 25 22 81 - www.villaavenia. com - ✕ - 4 ch. 90 €.* Un véritable B & B à l'intérieur d'une magnifique villa surplombant le centre historique et le port, à quelques pas de l'ascenseur public. Vaste jardin panoramique en espalier. Chambres colorées mêlant ancien et contemporain.

Se restaurer

Naples

SPACCANAPOLI

MOINS DE 20 €

1 Antica Pizzeria Da Michele – G2 - *Via Cesare Sersale, 1/3 - ✆ 081 55 39 204 - fermé dim. et 3 sem. en août - 5/10 € -* ⌧. Dans cette adresse populaire et authentique, les amateurs de pizza se donnent rendez-vous pour savourer, à toute heure, la margherita ou la marinara. Queue pratiquement inévitable !

2 Pizzeria Di Matteo – F2 - *Via Tribunali, 94 - ✆ 081 45 52 62 - www.pizzeriadimatteo.com - fermé dim. - 10/15 € -* ⌧. Il y a quelques années, elle a accueilli Bill Clinton ! Mais d'autres célébrités, parmi lesquelles le grand Mastroianni, avaient avant lui goûté aux délicieuses pizzas préparées dans cet endroit tout simple. Des prix imbattables et un service très rapide.

3 Gino Sorbillo – E2 - *Via Tribunali, 32 - ✆ 081 44 66 43 - www.accademiadellapizza.it - fermé dim. et 3 sem. en août - 10/15 €*. Comme le précise fièrement le menu, le jeune et enthousiaste Gino Sorbillo vient d'une « vieille famille où l'on est pizzaiolo de père en fils depuis 21 générations ». Depuis quelques années, il est considéré, à juste titre, comme l'une des étoiles montantes de la pizza napolitaine. Dans son établissement typique, on ne mange effectivement que des pizzas… mais franchement, quelles pizzas !

DE 20 À 30 €

4 Ecomesarà – E4 - *Via S. Chiara, 49 - ✆ 081 19 25 93 53 - fermé mar. - 20/25 € -* ⌧. Une agréable trattoria façon bistro au cœur de Spaccanapoli, avec nappes à carreaux bleus. À la cuisine, la chef Marilisa concocte une cuisine méridionale de marché, savoureuse, relevée d'une petite touche d'originalité.

5 Un Sorriso Integrale – E3 - *Vico S. Pietro a Majella, 6 - ✆ 081 45 50 26 - www.sorrisointegrale.com - fermé lun. - 20/25 €*. Un agréable restaurant végétarien aux compositions savoureuses, situé au fond d'une cour. Brocolis au citron, paupiettes de choux, crêpes à la ricotta et aux épinards, le tout à base de produits biologiques.

LE CENTRE MONUMENTAL

MOINS DE 20 €

6 Trattoria Casillo – D4 - *Vico Rosario a Porta Medina, 25 - ✆ 081 19 91 47 57 - fermé le soir - 10/15 € -* ⌧. Bien cachée tout au bout de la via San Liborio (depuis la piazza Carità), cette trattoria rustique, signalée uniquement par une branche d'olivier au-dessus de l'entrée, propose une cuisine simple, populaire et savoureuse, servie par Enzo et préparée par la mère.

7 Valù – D5 - *Vico Lungo del Gelso, 80 - ✆ 081 03 81 139 - www.valu.it - fermé dim. - 10/20 €*. Signalée par une grande porte en verre originale, cette adresse branchée située à deux pas de la via Toledo est spécialisée dans les risotto et les grillades. Agréable salle aménagée

Sfogliatella, la reine des pâtisseries.

de banquettes, avec boiseries et haut plafond, et jolie cuisine ouverte.

8 Antica Capri – **D5** - *Via Speranzella, 110 - ✆ 081 03 83 486 - fermé merc. - 15 € -* . Cette trattoria vraiment typique des *quartieri Spagnoli* propose une authentique cuisine familiale, à déguster dans un cadre simple et populaire. Essayez les délicieuses pâtes aux fruits de mer et les excellents cannoli siciliens.

CHIAIA/LUNGOMARE

MOINS DE 20 €

9 Pizzeria La Notizia – **Hors pl. par A5** - *Via Michelangelo da Caravaggio, 94A - ✆ 081 71 42 155 - fermé lun., le midi et en août - 10/15 € -* . L'établissement, très excentré, d'Enzo Coccia, le « pape de la pizza napolitaine ». Le maître, par ailleurs à la tête d'une école de formation, réalise 80 *pizzas* chaque soir. Pas une de plus !

10 Trattoria Castel dell'Ovo – **E8** - *Via Luculliana, 28 - ✆ 081 76 46 352 - fermé jeu. - 15/20 €*. Une trattoria toute simple, dont les tables sont installées sur le petit port du charmant faubourg Marinaro. Pour une pause avec vue sur l'imposant Castel dell'Ovo, sur le golfe et sur les petites barques de pêcheurs.

11 Antica Latteria – **C6** - *Vico II Alabardieri, 30 - ✆ 081 01 28 775 - www.anticalatteria.it - 20 €*. Cette ancienne laiterie propose une cuisine traditionnelle pleine de saveurs et bien présentée, à déguster dans un cadre simple et soigné. Buffet du jour, gambas au pesto, baba léger, etc. Bonne sélection de vins régionaux.

VOMERO

MOINS DE 20 €

12 L'Angolo del Paradiso – **B3** -*Via Michele Kerbaker, 152 ✆ 081 55 67 146 - fermé lun. et en août - 10/15 €*. Petit établissement où l'on est quasi certain de manger les meilleures pizzas du quartier du Vomero. Propose aussi des plats de cuisine napolitaine traditionnelle.

Le golfe de Naples

BACOLI

DE 15 À 30 €

A Ridosso – *Via Mercato di Sabato, 320 (dir. Pozzuoli) - ✆ 081 86 89 233 - fermé le midi sf dim., dim. soir, lun., 15 j. en août et vac. de Noël*. Un agréable restaurant à l'atmosphère intime. Saveurs de la mer, dans le respect des traditions locales.

SORRENTO

DE 15 À 30 €

Taverna Azzurra – *Via Marina Grande, 166 - ✆ 081 87 72 510 - fermé lun. en hiver*. Une adresse fréquentée principalement par les locaux, face au petit port de pêche. Cuisine de poissons et de fruits de mer à la fraîcheur irréprochable, en fonction des arrivages du jour.

SAN'AGATA SUI DUE GOLFI

PLUS DE 70 €

Taverna del Capitano – *Piazza delle Sirene, 10/11 - Marina del Cantone - 8 km au sud-ouest de Sant'Agata sui Due Golfi - ✆ 081 80 81 028 - www.tavernadelcapitano.com - fermé mar. hors sais., lun et janv.-févr.* Salle sobre et élégante, avec d'immenses baies vitrées donnant sur la mer qui en étendent la profondeur jusqu'à l'horizon ; les saveurs proposées sont typiquement méditerranéennes, basées sur la qualité des matières premières, et en tout premier lieu du poisson. Le bon goût et le soin des détails caractérisent également les chambres adjacentes.

HERCULANUM

MOINS DE 20 €

Viva lo Re – *Corso Resina, 261 - ✆ 081 73 90 207 - fermé dim. et lun.* Un restaurant-bar à vins à quelques centaines de mètres des ruines, avec antipasti et plats de pâtes, à accompagner d'un bon vin.

POMPÉI

MOINS DE 20 €

Add'ù Mimi – *Via Roma, 61 - ✆ 081 86 35 451 - www.addumimi.it - fermé vend. - 15/20 €.* À quelques pas de l'entrée est du site archéologique, une des plus anciennes trattorias de la ville, spécialisée dans les grillades : veau, saucisse, poisson du jour, etc. Beaux paniers de fruits.

Capri

MOINS DE 20 €

Pulalli Wine Bar – *Piazza Umberto I -* **Capri** - *✆ 081 83 74 108 - fermé mar.* En descendant les escaliers qui longent l'office de tourisme, vous découvrirez les petites tables posées sur la terrasse panoramique de ce joli bar à vin. L'intérieur, moderne et raffiné, est également très agréable. Vous pourrez y consommer d'excellents vins et un large choix de plats, ou simplement un casse-croûte.

DE 20 À 40 €

Verginiello – *Via Lo Palazzo, 25/a -* **Capri** - *✆ 081 83 70 944 - fermé 2 sem. en nov.* Aux portes de Capri, une grande terrasse et une véranda font face à la mer et aux falaises de Marina Grande. Un endroit simple et familial, tenu par des hôtes sympathiques qui vous proposeront une cuisine à base de produits de la mer à des prix très intéressants.

DE 30 À 45 €

Da Gelsomina – *Via Migliara, 72 -* **Anacapri** - *✆ 081 83 71 499 - www.dagelsomina.com - ouv. avr.-oct.* Dans le sud-ouest de l'île, authentique trattoria proposant des plats savoureux et quelques recettes locales. À déguster sur une terrasse panoramique, en profitant d'une vue d'anthologie. Également 6 ch. *(120/190 €).*

Ischia

MOINS DE 20 €

Da Ciccio– *Via Luigi Mazzella, 32 -* **Ischia Ponte** - *✆ 081 99 16 86.* Une petite adresse sans prétention, à prix raisonnables, où l'on parle le français, pour se sustenter avant la visite du Castello Aragonese.

DE 15 À 30 €

Trattoria da Peppina di Renato – *Via Montecorvo, 42 -* **Forio** - *✆ 081 99 83 12 - www.trattoriadapeppina.it - fermé le midi sf dim., merc. sf juin-sept., 16 déc.-14 mars.* Une fois remontée la ruelle étroite et tortueuse, vous serez récompensé par une vue spectaculaire sur la mer. À l'ombre d'une tonnelle, assis sur de drôles de petits canapés en fer forgé, vous dégusterez une savoureuse cuisine maison.

DE 40 À 60 €

Il Saturnino – *Via Marina* - **Forio** - *☏ 081 99 82 96. - fermé mar. sf en été ; ouv. seult en fin de sem. en nov.-mars.* Une situation stratégique pour déguster une délicieuse cuisine méditerranéenne et des poissons préparés avec subtilité.

Procida

DE 20 À 30 €

A un passo dal mare – *Via Romana, 82 (sur le port) - ☏ 081 89 67 06 - fermé dim. hors sais.* Plats à base de poissons et de produits de la mer, inventifs, raffinés et joliment présentés, à déguster en terrasse, face aux bateaux de pêche dodelinant sur le quai. Service cordial, discret et efficace.

La côte amalfitaine

AMALFI

DE 20 À 40 €

Marina Grande – *Via delle Regioni, 4 - ☏ 089 87 11 29 - fermé lun. et de mi-nov. à mi-fév. - 22/48 €.*Située juste en face de la petite plage, cette adresse est une valeur sûre d'Amalfi. Agréable salle avec parquet et chaises blanches, terrasse aménagée en été. Cuisine régionale.

POSITANO

DE 20 À 30 €

La Taverna del Leone – *Via Laurito, 43 (sur la route nationale, à 3 km à l'est du centre) - ☏ 089 87 54 74 - fermé mar. - 25/30 €.* Un restaurant prisé des familles locales, qui apprécient les mets raffinés de Fortunata, la maîtresse de maison. Belle cuisine ouverte sur la salle. Excellents raviolis de ricotta. Jolies tables et service soigné.

ATRANI

MOINS DE 20 €

Le Arcate – *Largo Cab. Orlando Buonocore, 1 - ☏ 089 87 13 67 - fermé lun. - 15/20 €.* Isolé sur la plage, ce petit restaurant occupe deux salles à arcades face à la mer. Cuisine simple, savoureuse et abordable. Terrasse extérieure pour les beaux jours.

SALERNO

DE 20 À 30 €

Ottantotto – *Via Masuccio Salernitano, 60 - ☏ 089 28 52 792 - fermé lun. midi- 20 €.* Une agréable trattoria à l'esprit bistrot, fréquentée par une clientèle exigeante. Cuisine du jour appétissante, spécialisée dans les grillades, et belle carte de vins.

Restaurant sur la piazza del Duomo à Amalfi.

RISTORANTE
PIZZERIA
S. ANDREA

Faire une pause

Naples

Caffeteria Cerraldi – **E4** - *Piazza della Carità, 14 - ✆ 081 55 23 488 - lun.-sam. 6h-21h30, dim. 6h-14h30.* Beau café à l'ancienne avec une terrasse à l'abri sur la place. Délicieuses viennoiseries, café excellent et personnel très aimable.

Chalet Ciro – **Hors plan par A8** - *Via Caracciol - ✆ 081 66 99 28 - www.chaletciro.it - fermé merc.* L'adresse pour déguster une glace dans le port de Mergellina, avec la baie de Naples et le Vésuve sous les yeux. Un classique de toute balade réussie sur le Lungomare.

Fantasia Gelati – **B4** - *Piazza Vanvitelli, 252 - ✆ 081 57 88 383 - www.fantasiagelati.it.* De l'éventail de cornets colorés au choix des parfums, on n'est pas très loin du summum de l'inventivité en terme de sucré. Vos enfants seront conquis ! Autres adresses : *via Toledo, 381* **E4**, *via Cilea, 80* **hors plan par A4** *ou encore largo Lala, 30* **Hors plan par A8**.

Gay Odin – **E6/E3** - *Via Toledo, 214 et 427- ✆ 081 42 18 67 - fermé dim.* Le maître du chocolat qui régale les Napolitains depuis 1894. Propose aussi d'excellentes glaces. Nombreuses succursales *(via Colonna, 15B* **B6**, *via Benedetto Croce 61* **E3**, *etc.).*

Gelataria del Scimmia – **E4** - *Piazza Carità, 4 - ✆ 081 55 20 272 - www.gelateriadellascimmia.it.* Il est certes possible de trouver un choix plus large de parfums, mais la gamme de productions artisanales proposée par la guenon *(scimmia)* sera déjà suffisante pour plonger les gourmands dans d'abyssales perplexités. Accueil francophone.

Gran Caffè Cimmino – **C6** - *Via Gaetano Filangieri, 12-13 - ✆ 081 41 83 03.* Café un peu snob offrant une très agréable terrasse pour se poser entre deux achats ruineux dans le quartier de Chiaia.

Gran Caffè Gambrinus – **D6** - *Via Chiaia, 1/2 - ✆ 081 41 75 82.* Le plus célèbre café napolitain. Depuis plus de 150 ans, ses salles décorées avec faste sont témoins des principaux événements de l'histoire de Naples.

La Caffetiera – **D6** - *Piazza dei Martiri, 30 - ✆ 081 76 44 243 - www.grancaffelacaffettiera.com.* L'un des cafés les plus sélects de la ville, avec une terrasse aussi intimidante que séduisante s'étendant près du groupe sculpté à la gloire des martyrs napolitains. L'intérieur est un sommet d'élégance cossue.

Mary – **E5** - *Galleria Umberto I- ✆ 081 40 22 18.* L'adresse de référence pour goûter aux babas napolitains !

Pintauro – **E5** - *Via Toledo, 275 - ✆ 348 77 81 645.* Les meilleures *sfogliatelle* (pâtisserie typique régionale, *voir p. 112*) de tout Naples, et ce depuis des lustres !

Scaturchio – **E3** - *Piazza S. Domenico Maggiore, 19 - ✆ 081 55 16 944.* Pour déguster une *sfogliatella riccia* (feuilleté fourré de ricotta, de fruits confits et parfumé à la fleur d'oranger) tout juste sortie du four, ou un baba, pâtisserie d'origine étrangère mais très répandue et appréciée dans le « royaume de Naples ».

Veranda – **D6** - *Piazzetta Rodinò, 31 - ✆ 081 42 38 415*. Ce petit café dispose une agréable terrasse au débouché de la via Chiaia. Idéal pour se sustenter d'une salade ou d'une viande grillée. Service rapide et efficace à des prix demeurant sages pour le quartier.

Le golfe de Naples

Gelateria Bilancione – *Via Posillipo, 238 - Posillipo - ✆ 081 76 91 923*. Un des meilleurs glaciers de Naples et de son golfe. Goûtez notamment au parfum noisette, plusieurs fois primé !

Capri

Buonocore – *Via Vittorio Emanuele, 35* **Capri** - *✆ 081 83 77 826*. Le bon endroit pour goûter les spécialités sucrées-salées de la région (parmi lesquelles la *torta caprese*, avec chocolat noir et amandes) et de bonnes glaces.

Da Alberto – *Via Roma, 9/11* - **Capri** - *✆ 081 83 70 622 - fermé mar. de déb. nov. à fin mars*. À la sortie du funiculaire, on vient y déguster une excellente *torta caprese*.

Ischia

Calise – *Piazza degli eroi* - **Ischia Ponte** - *✆ 081 99 12 70 - www.barcalise.com*. Un bar-glacier-pâtisserie en forme de monument dédié à la gourmandise. L'enseigne, véritable institution, a essaimé un peu partout à Ischia.

Da Ciccio – *Piazza Antica Reggia, 5* - **Ischia Porto** - *✆ 081 99 13 14 - www.bardaciccio.it*. Bar tout simple proposant d'excellentes glaces artisanales, mais aussi des *panini* ou des pâtisseries bien fraîches.

Mimì – *Piazza Balsofiore Luca, 11* - **Forio** - *✆ 081 50 71 005*. Tout près de l'église, sur une place tranquille à l'écart de l'agitation du front de mer, un authentique bar à l'italienne, tout simple et sans falbalas, pour manger un sandwich loin des touristes.

Procida

Antica Gelateria del Corso – *Via Roma, 121 - Marina Grande - ✆ 081 81 01 994*. Au bord du quai, pas loin de l'embarcadère des ferries et des *aliscafi*, beau choix de douceurs à déguster sur une grande et agréable terrasse.

La côte amalfitaine

AMALFI

Pasticceria Andrea Pansa – *Piazza Duomo, 40 - ✆ 089 87 10 65*. Cette belle pâtisserie ravit les papilles les plus délicates depuis 1830. Goûtez aux *canditi*, écorces confites d'orange et de citron au chocolat noir, la spécialité.

Sortir et prendre un verre

Naples

SPECTACLES

Fondazione Pietà de' Turchini – D6 - *Via Santa Caterina da Siena, 38 - ✆ 081 40 23 95 - www.turchini.it.* Fondation s'attachant à faire redécouvrir le patrimoine musical baroque napolitain du 17e s. (Provenzale, Caresana, etc.). Concerts d'artistes renommés en divers lieux.

Teatro Bellini – E2 - *Via Conte di Ruvo, 14 - ✆ 081 54 91 266 - www.teatrobellini.it.* Le rival du San Carlo, avec un salle qui n'a rien à lui envier, reconstruit en 1878 après un incendie. Programmation éclectique.

Teatro San Carlo – CD5 - *Via San Carlo, 98 - ✆ 081 79 72 111 - www.teatrosancarlo.it - saison lyrique : déc.-mai - guichet : tlj sf lun. 10h-13h, 16h30-18h30.* Avec sa troupe lyrique permanente, c'est l'un des plus célèbres opéras du monde.

Teatro Sannazaro – D7 - *Via Chiaia, 157 - ✆ 081 41 88 24 - www.teatrosannazaro.it.* Le théâtre Sannazaro (1871) accueille un spectacle de comédie napolitaine tous les soirs. Pendant deux mois, le lieu se transforme en café chantant (spectacle et restauration).

CAFÉS ET BARS

Blue Moon – E4- *Via dei Carrozzieri a Monteoliveto, 1 - ✆ 081 55 22 147 - tlj 8h-2h sf dim. matin.* À deux pas de la piazza del Gesù Nuovo, ce bar coloré reste animé jusqu'à tard dans la nuit. Programmation surtout axée house.

Bourbon Street Club – E2 - *Via Bellini, 52/53- ✆ 338 82 53 756 - www.bourbonstreetjazzclub.com - tlj à partir de 20h.* Au coin de la piazza Dante, le rendez-vous incontournable des amateurs de jazz. Lumières tamisées et banquettes confortables.

Fonoteca – B4 - *Via Morghen, 31C/F - ✆ 081 55 60 338 - www.fonoteca.net - mar.-jeu. 12h-1h, vend.-sam. 12h-2h, dim. 18h-1h.* Boutique de disques dans laquelle s'est installé un bar, temple de la branchitude napolitaine à l'heure de l'apéritif.

Gran Caffè Aragonese – E3 - *Piazza San Domenico Maggiore, 5-8 - ✆ 081 55 28 740 - tlj 7h30-minuit.* Pour accompagner un baba ou des *sfogliatelle* d'un choix assez vaste de thés. Agréable terrasse.

Il Mantegno – F3 - *Piazzetta Nilo, 18-19 - ✆ 081 19 56 15 99- tlj.* Bar à vins offrant un vaste choix de crus de Campanie et d'ailleurs à déguster sur une placette au cœur de Spaccanapoli. Artistes certains soirs.

Il Vero Bar del Professore – E6 - *Piazza Trieste e Trento, 46 - ✆ 081 40 30 41. tlj 6h30-2h.* Pour goûter à la spécialité d'un lieu devenu une véritable institution, le *nocciolato*, un café auquel est ajouté du concentré de noisettes et une crème onctueuse. Accompagnez-le d'une *sfogliatella* pour toucher de très près le bonheur total.

Gran Caffè Gambrinus.

Intra Moenia – E2 -*Piazza Bellini, 70- ✆ 081 45 16 52 - www.intramoenia.it - tlj à partir de 10h.* Lieu de rencontre privilégié des intellectuels, dans le vieux cœur de la cité. Ce bar-librairie-glacier est également le siège d'une maison d'édition engagée. À déguster sans modération.

Kestè – E4 - *Largo San Giovanni Maggiore Pignatelli, 4 - ✆ 081 55 13 984 - ww.keste.it. - lun.-vend. 12h-2h, sam.-dim. 20h-4h.* Bar très apprécié des étudiants. Manifestations variées, musique live, expositions de photos, débats, etc.

Lontano da dove – E2 - *Via Bellini, 5- ✆ 081 54 94 304 - fermé dim.-lun. ; jusqu'à 1h30 vend.-sam.* Ce café *« dei libri, del teatro e della musica »* accueille dans un cadre design lectures et petits concerts. L'endroit idéal pour lire, jouer aux échecs ou simplement faire une pause.

CLUBS ET BOÎTES

Miami Bar Room – B4 - *Via Morghen 68C - ✆ 081 22 98 332 - www. miamibarroom.it - merc.-dim. à partir de 22h.* Immense bar avec aquarium de poissons tropicaux. Un mélange de styles, d'ambiances et de décors, signé du designer Benny Galasso.

S'Move-Lab – C7 - *Vico dei Sospiri, 10 - ✆ 081 76 45 813 - www.smove-lab.net - tlj 20h-3h - fermé en août.* Née en 1992, voici l'une des adresses classiques (mais toujours branchée) de première partie de soirée. Dans un décor design jouant sur les couleurs et les formes, la jeunesse napolitaine bien mise sirote des cocktails en écoutant des musiques variées (surtout house et dance).

Velvet – E3 - *Via Cisterna dell'Olio, 11 - ✆ 081 25 14 070 - mar.-merc. et vend.-dim. 0h-5h, jeu. 14h-5h - fermé lun.* L'antre du drum and bass s'ouvre aussi à d'autres types de musique électro. Concerts live de groupes underground italiens.

Capri

BAR

Quisi Bar – *Viale Camarelle, 2 -* **Capri** - *✆ 081 83 70 788 - tlj (musique live 18h-2h).* En face du mythique Grand Hotel Quisisana, une adresse en plein air pour un apéritif ou après le dîner.

Ischia

CAFÉS ET BARS

Coquille – *Corso Vittorio Colonna -* **Ischia Porto** - *✆ 081 83 70 788 - www. cortedegliaragonesi.it. - tlj.* On ira y prendre un verre pour découvrir un décor positivement branché, glamour et tendance. Le top du top, à condition d'en avoir les moyens, c'est bien sûr de s'attabler au restaurant et de goûter à sa cuisine fusion.

Di Vino – *Largo Convento -* **Ischia Ponte** - *✆ 081 99 03 86 - tlj.* Très agréable bar à vins, avec quelques tables sur une placette en forme d'impasse, juste avant d'arriver au Castello Aragonese. Votre verre de vin d'Ischia sera accompagné de délicieuses et généreuses « tapas », qui fleurent bon l'olive et changent des sempiternelles chips. Très bon accueil.

Shopping

Naples

ANTIQUITÉS ET CURIOSITÉS

Ospedale delle Bambole – F3 - *Via San Biagio dei Librai, 81 - ✆ 081 20 30 67.* Un lieu historique de Naples, où l'on prend soin des poupées malades.

Raffaele Russo – F3 - *Via San Biagio dei Librai, 116 - ✆ 081 55 17 090.* Dans cette boutique des années 1930, on achète les fameuses madones servant à décorer la crèche traditionnelle napolitaine.

Ferrigno – F2 - *Via San Gregorio Armeno, 8 - ✆ 081 55 23 148 - www.arteferrigno.it.* Une boutique réputée pour ses santons. Un authentique musée !

Foire à la brocante – A8 - *Via Francesco Caracciolo - www.fieraantiquarianapoletana.it - 3e w.-end du mois 8h-14h.* L'occasion de flâner en bord de mer tout en touinant à la recherche d'un souvenir original.

GASTRONOMIE

Arte – B7 - *Via Santa Teresa a Chiaia, 45 - ✆ 081 41 18 22 - fermé jeu. matin.* L'adresse incontournable pour acheter les meilleurs fromages, à commencer bien sûr par la mozzarella.

Belledonne – C6 - *Vico Belledonne a Chiaia, 18 - ✆ 081 40 31 62 - www.enotecabelledonne.com - tlj.* Une *enoteca* (vinothèque) qu'on pourrait qualifier d'« historique », avec un large choix de crus. À l'heure de l'apéritif, l'endroit se transforme en bar à vins, attirant une clientèle bcbg d'hommes d'affaires et d'avocats.

Augustus – E5 - *Via Toledo, 147- ✆ 081 55 13 540.* L'un des meilleurs traiteurs de Naples, à la lisière des quartiers espagnols. Charcuterie, fromages, pâtisseries, glaces, etc.

LIVRES

Librerie Antiquarie Luigi Regina – E2 - *Via Santa Maria di Costantinopoli, 51 et 103 - ✆ 081 45 99 83 ou 081 29 09 25 - www.libreriaregina.it - fermé 3 sem. en août.* Les amateurs de beaux livres ne résisteront pas au charme suranné de cette librairie fondée en 1881. Éditions originales, reliures pleines (cuir), manuscrits : ici, le livre est sacré. De l'autre côté de la rue, au 51, la librairie vend gravures, aquarelles et gouaches des 18e et 19e s.

MARCHÉS

Marché via Pignasecca – D4 - *Tous les matins.* Légumes, agrumes, poissons, coquillages ou *mozzarella di bufala* fraîche débordent des étals colorés. Les marchands interpellent le passant et vantent leurs produits comme on déclame un poème !

Porta Capuana – G2 - *Piazza Capuana - lun.-sam. 8h-14h.* Haut en couleurs avec parfois des affaires à faire côté chaussures pour femmes, sans parler bien sûr de tous les produits de bouche vendus à des prix imbattables.

Porta Nolana – GH3 - *Via Carmignano - Tous les matins.* Le marché aux poissons de Naples, un lieu à voir.

MODE

Marinella – **C7** - *Riviera di Chiaia, 287* - ✆ *081 76 44 214* - *www.marinellanapoli.it.* Le plus célèbre magasin de cravates de toute l'Italie, fondé en 1914.

Ricci Calzoleria Sandali Artigianali – **C6** - *Vico Belledonne a Chiaia, 23* - ✆ *081 41 46 98.* Une toute petite échoppe tenue par des cordonniers de père en fils. Ici, on vous confectionnera des sandales sur mesure d'une classe folle en 4 jours. Prix variable selon la complexité du décor, mais compter moins de 200 €.

Talarico – **D5** - *Vico Due Porte a Toledo, 4B* - ✆ *081 40 19 79* - *www.mariotalarico.it.* À première vue, acheter un parapluie à Naples est une idée un peu saugrenue… Que nenni ! Un Marco Talarico, marque fondée en 1860, est une pièce unique, le nec plus ultra de l'élégance transalpine.

Tramontano – **D6** - *Via Chiaia, 143-144* - ✆ *081 41 48 37* - *www.tramontano.it.* Fondée en 1865, la maison Aldo Tramontano est l'une des maroquineries les plus courues d'Italie. Woddy Allen y achète ses étuis de clarinette. Nicole Kidman et bien d'autres raffolent de ses besaces en cuir ultrasouple. Quant aux sacs de voyage en cuir norvégien, ils sont d'un chic fou et introuvables en France.

Capri

Carthusia – **I profumi di Capri** – *Viale Matteotti, 2D* - **Capri** - ✆ *081 83 70 368* - *www.carthusia.com.* Les légendaires parfums de Capri composés avec les ingrédients typiques de l'île : citron, romarin, rose, œillet. Plusieurs boutiques dans l'île, notamment du côté des Giardini di Augusto.

Cuccurullo – *Via C. Colombo, 36* - **Capri** - ✆ *081 83 70 919* - *www.caprisandals.it.* La plus recommandable des boutiques proposant des sandales « 100 % faites main ». Fabrication artisanale certifiée, un raffinement certain, mais tout cela a un coût (150/170 €).

Limoncello Capri Srl – *Via Listrieri, 25A* - **Capri** - ✆ *081 83 73 059* - *www.limoncello.com.* Le seul, le vrai, l'authentique *limoncello* de Capri, liqueur réalisée à partir d'*Ovale di Sorrento*, la meilleure variété de citrons.

La Bottega dell'Arte di Sergio Rubino – *Via Catena, 2* - **Anacapri** - ✆ *081 83 71 878* - *www.sergiorubino.com.* Le maître incontesté, dépositaire de la tradition de la céramique de Capri.

Ischia

Perrazzo, vini d'Ischia – *Via Porto, 36* - **Ischia Porto** - ✆ *081 99 16 00* - *www.perrazzo.it.* La plus ancienne maison de l'île, pour acheter des blancs ou des rouges d'Ischia.

Une boutique de spécialités de la Campanie.

Naples, le port et le Vésuve en toile de fond.

J. Fuste Raga / Bridge / Photon

Visiter Naples

Naples aujourd'hui

Chef-lieu de la Campanie, capitale de l'Italie du Sud, c'est la troisième ville d'Italie après Rome et Milan. Naples et sa banlieue s'étendent sur 20 km, de Pozzuoli à Portici, au bord d'une baie magnifique que domine la silhouette du Vésuve. Un million de personnes y vivent, plus de 3 millions dans l'agglomération.

Il faut voir Naples, dit-on parfois, avant de mourir. Peu de villes engendrent un tel flot d'images, parfois contradictoires. Nombre d'entre elles semblent des clichés, alors qu'il s'agit pourtant de vraies réalités : pêle-mêle, le linge bariolant les rues sombres et étroites, les habitants s'apostrophant d'une fenêtre à l'autre, les Vespa frôlant les passants, l'amour du foot, les meilleures pizzas d'Italie, l'ambiance débordante de vitalité des fins d'après-midi… Et puis il faut compter aussi avec le cortège de fantasmes associés aux noms de Pompéi, d'Herculanum, de Capri, de Sorrento et de sa presqu'île… Certaines images sont à ranger du côté des souvenirs, ou du moins à tempérer : la mandoline accompagnant les *tarentelle* et les complaintes des chanteurs de charme, les pratiques de dévotion proches de la superstition, et peut-être surtout les problèmes d'insécurité, très surestimés. D'autres enfin, pourquoi le nier, font partie de la réalité napolitaine : le bruit, la pollution, le marché noir, la corruption, l'insalubrité, la malpropreté parfois. Le chômage et la crise que traverse aujourd'hui l'Italie rendent la misère plus voyante. Et le fossé séparant les environs de la gare du quartier huppé de Chiaia, avec ses boutiques d'un luxe insolent, a des allures d'abysses.

Le centre historique de la cité de Parthénope, la sirène légendaire, classé par l'Unesco, est le plus vaste d'Europe : une incitation à vagabonder à l'infini. « À Naples, chacun vit dans l'ivresse de l'oubli de soi », écrivait déjà Goethe. Et c'est toujours vrai. Pour sentir vibrer la ville, il faut s'abandonner, se laisser emporter par le flux vital de la cité. Partout, il suffit de lever le nez pour voir affleurer les témoignages d'une histoire commencée il y a près de trois millénaires. Ici un fragment de mur grec rappelle les origines de la cité, plus loin des vestiges romains et des catacombes renvoient à l'aube du christianisme, tandis que se dressent, défendant l'entrée du port, des châteaux dont l'origine remonte au Moyen Âge. Vestiges antiques, palais baroques ou néoclassiques, églises décorées par les meilleurs artistes d'Italie : le patrimoine artistique de Naples est touffu, insaisissable, inépuisable. Il paraît même incapable de se figer, un peu à l'image d'une ville en perpétuel mouvement, profondément baroque. Cela pourra choquer certains puristes : les Napolitains entretiennent une relation de familiarité telle avec leurs monuments que personne ne s'offusque vraiment de voir, par exemple, une fontaine ou une statue de Canova couverts de tags !

La Galleria Umberto I.

Spaccanapoli★★★ (le centre historique)

Naples ne sera jamais une ville-musée ! Et c'est ici, dans ce dédales de ruelles obscures, que se trouve son âme véritable. Partout, l'histoire a superposé ses strates. Ici, un mur romain sert de fondation à un édifice ; là, une colonne grecque perce sous le tuf, un nœud de fils électriques envahit une corniche baroque… En dehors de ses très nombreuses églises, Spaccanapoli compte une kyrielle de palazzi dissimulant de belles cours intérieures. N'hésitez pas à pousser leurs lourdes portes : à Naples, la curiosité n'est pas un vilain défaut !

➔**Conseil :** Comptez 1/2 j. de visite à pied. Pour pouvoir apprécier également l'intérieur des églises et des monuments, nous vous conseillons de faire la promenade le matin. Revenez en fin d'après-midi pour sentir l'ambiance particulière du quartier.

Santa Anna dei Lombardi (Santa Maria di Monteoliveto)★

E4 plan

Piazza Monteoliveto, 44 - ✆ 081 55 11 33 33 - tlj sf dim. 8h30-12h, sam. aussi 17h30-18h30.

Appartenant au vaste et riche monastère de Monteoliveto, l'édifice à la façade de style Renaissance abrite un nombre considérable d'œuvres d'art : **sculptures**★ florentines du 15e s., dont le tombeau de Marie d'Aragon *(1re chapelle à gauche)*, œuvre d'Antonio Rossellino, et une Annonciation *(1re chapelle à droite)* par Benedetto da Maiano. Dans l'oratoire du Saint-Sépulcre (*à droite du chœur*), la **Déposition de Croix**★ en terre cuite exécutée à la fin du 15e s. par Guido Mazzoni est l'exemple même d'un genre réaliste et théâtral appelé à connaître un vif succès en Italie méridionale. Le groupe était polychrome à l'origine.

Piazza del Gesù Nuovo

E3 plan

C'est l'un des grands lieux de rendez-vous de la jeunesse napolitaine. S'imposant au regard, la **flèche** rococo de l'Immacolata (milieu du 18es.) est un monument votif dressé par les Jésuites en hommage aux victimes de la peste de 1656. Au nord se dresse la sévère façade de l'**église du Gesù Nuovo**, à pointes de diamant toutes de pépérin. Cette façade est l'unique témoignage de l'ancien palais Sanseverino (du 15e s.) sur lequel fut érigée l'église.

Santa Chiara★

E3 plan

Accès depuis la via Benedetto Croce ou la via Santa Chiara. ✆ 081 55 16 673 - www.monasterodisantachiara.eu - église : 7h30-13h, 16h30-20h ; cloître et musée : 9h30-17h30, dim. 10h-14h30 - possibilité de visite guidée - 5 €.

Sancie de Majorque, la pieuse épouse de Robert le Sage, fit édifier cette église de clarisses en style gothique provençal. L'incendie provoqué par un bombardement en 1943 lui a fait perdre une grande partie de sa richesse intérieure. L'intérieur fut alors reconstruit avec sobriété dans le style gothique d'origine.
La façade, d'une grande simplicité, est précédée d'un porche en pépérin, dont la couleur grise contraste harmonieusement avec le tuf jaune. L'intérieur possède une grande nef unique, dans la tradition angevine, sur laquelle se greffent neuf chapelles. Le chœur à fond plat abrite plusieurs mausolées de la dynastie angevine : derrière l'autel, le **tombeau★★** de Robert le Sage fut exécuté par des artistes florentins en 1345 ; à droite, celui de Charles de Calabre est attribué au Siennois Tino di Camaino, à qui l'on doit le **sépulcre★** de Marie de Valois, contre le mur à droite. À droite de la partie réservée au clergé *(presbiterio)*, un vestibule conduit au **coro★** du 14e s., auquel on accède par un beau portail de marbre ; aux murs, restes de fresques de l'école de Giotto.
★★ **Chiostro** – Son agencement est l'œuvre de Domenico Antonio Vaccaro (18e s.) : le centre, à ciel ouvert, fut transformé en un jardin dont les lignes médianes sont soulignées par deux allées couvertes d'une pergola, dessinant ainsi une croix. Le muret soutenant les arcades du cloître, les colonnes des allées et les bancs qui les relient sont carrelés de magnifiques **faïences★** ornées de motifs floraux, paysages, scènes champêtres, parties de chasse ou sujets mythologiques. N'oubliez pas d'admirer aussi les murs de cloître, recouverts de fresques aux sujets variés, réalisées au 17e s., certaines montrant des scènes ou des paysages d'une étonnante fraîcheur. Le petit **musée de l'Opera di Santa Chiara** conserve les vestiges d'un édifice thermal romain et présente des objets trouvés sur le site.

San Domenico Maggiore

E3 plan

☎ 081 45 91 88 - 8h30-12h, 16h30-19h.
Construite par Charles II d'Anjou autour de 1300 et de nombreuses fois remaniée, l'église tourne curieusement son abside vers la **piazza San Domenico Maggiore**, où un petit obélisque baroque célèbre saint Dominique. De nombreux Napolitains se donnent rendez-vous pour prendre un verre dans ce qui était autrefois le « QG » des Dominicains de Naples. À l'intérieur de l'église se mêlent éléments gothiques et baroques. Dans **la grande chapelle du Crucifix** se trouve la réplique du crucifix du 13e s. qui aurait demandé à saint Thomas d'Aquin : « Tu as bien parlé de moi Thomas, quelle récompense souhaites-tu ? » « Rien d'autre que toi » lui aurait répondu le saint. La 2e **chapelle★** du bas-côté droit a été peinte à fresque par Pietro Cavallini (1309). La **sacristie★** (18e s.), tapissée de boiseries et décorée d'une fresque de Francesco Solimena, abrite en hauteur, derrière une balustrade, une quarantaine de cercueils de personnalités de la cour d'Aragon.

Cappella Sansevero★

E3 plan

Via Francesco De Sanctis, 19/21 - ✆ 081 55 18 470 - www.museosansevero.it - 10h-17h40, dim. et j. fériés 10h-13h10 - 7 €.

La chapelle date du 16e s., mais l'intérieur a été entièrement réaménagé au 18e s. dans un style baroque exubérant à la demande du prince Raimondo di Sangro, personnage éclectique que sa passion pour l'alchimie et la science nimbe de légende. En sont pour preuve les deux présumés « squelettes » complets dont l'appareil circulatoire fut pétrifié, dit-on, par une substance de son invention *(salle souterraine, accès par le côté droit)*.

La chapelle abrite d'étonnantes **sculptures★** de marbre : de part et d'autre du chœur, la *Pudeur* (femme voilée) et le *Désespoir* (homme cherchant à se dégager d'un filet) et, au centre de la nef, le magnifique **Christ voilé★**, œuvre magistrale de **Giuseppe Sanmartino**. Les plis du voile sont si légers que le tissu semble non pas sculpté, mais déposé sur le corps allongé, tandis que la sérénité des traits du visage donne l'impression que le Christ repose paisiblement dans un sommeil profond.

On passe par la piazzetta del Nilo qui doit son nom à la présence d'une statue antique symbolisant le Nil. En face, l'église **Sant'Angelo a Nilo** renferme le **tombeau** en marbre du cardinal Ronaldo Brancaccio (1427), fondateur de l'église, œuvre de Donatello et Michelozzo. Un peu plus loin, tournez à gauche dans la pittoresque **via San Gregorio Armeno** qu'agrémentent ses nombreux petits magasins et ateliers de *pastori*, ces célèbres **santons de crèches**. Aux côtés des santons traditionnels, les artisans (dont l'art se transmet de père en fils depuis le 19e s.) ont placé des sujets modernes qui représentent des personnalités actuelles *(le secteur est pittoresque surtout en décembre)*.

Au fond, au-dessus d'un arc enjambant la rue, se détache le clocher de l'église San Gregorio Armeno.

San Gregorio Armeno

F3 plan

Via San Gregorio Armeno, 1 - ✆ 081 55 20 186 - 9h-12h, dim. 9h-13h.

L'**intérieur★** de l'église, accesssible depuis l'atrium, est d'une surprenante exubérance. Les fresques ornant la coupole et la nef fermée par un **orgue** baroque monumental sont de Luca Giordano. À ne pas manquer aussi : le maître-autel en marbres polychromes ; en haut à droite, la loge close par une grille en laiton derrière laquelle les nonnes suivaient, cachées, la messe ; enfin, le très beau plafond de boiseries dorées.

Le **cloître** aux tons ocre jaune *(accès par l'escalier du couvent)*, planté d'agrumes, est ponctué au centre d'une fontaine aux effigies du Christ et de la Samaritaine (fin 18e s.).

Palazzo Cuomo★

F3 plan

Via del Duomo, 288 - ✆ 081 20 31 75. Fermé pour restauration au moment de la rédaction de ce guide.

La façade à bossages de cet imposant palais édifié à la fin du 15e s. par le riche

L'église Santa Chiara.

marchand napolitain Angelo Como évoque la Renaissance florentine.
Il abrite le **musée municipal Filangieri** : collections d'armes, de céramiques et de porcelaines, meubles ; peintures de Ribera, Caracciolo, Mattia Preti...

Pio Monte della Misericordia★

F2 plan
Via dei Tribunali, 253 - ✆ 081 44 69 44 - www.piomontedellamisericordia.it - tlj sf merc. 9h-14h30 - fermé 1er janv., dim. de Pâques, 24 et 25 déc. - 5 €.
Fondée en 1602 par sept nobles napolitains, la confrérie avait pour vocation de venir en aide aux indigents et de soigner les malades (elle fit construire un hôpital à Ischia dès 1604).
L'église baroque à plan centré est ornée de La *Libération de saint Pierre* par Caracciolo et du très beau tableau du Caravage **Les Sept Œuvres de miséricorde★★★**.
À l'étage, la **galerie** expose une importante série de peintures du Napolitain Francesco De Mura (1696-1782), *La Montée au Calvaire* du Caravage et plusieurs œuvres de Luca Giordano dont un *Autoportrait*.

Castel Capuano

G2 plan
La forteresse normande de 1165, remaniée par la maison d'Anjou, est le plus ancien château de la ville. Résidence des Aragonais, puis prison et palais de justice au 16e s., elle abrite le tribunal.

La **Porta Capuana★**, l'une des quatre entrées de la ville ancienne, ouvrait sur la route de Capoue. Datant de 1484, elle est encadrée de deux tours massives en granit noir qui forment un beau contraste avec l'arc en marbre blanc, à la décoration Renaissance raffinée.
À proximité se tient chaque matin (sf dim.) l'un des marchés les plus animés de la ville.

San Giovanni a Carbonara★

F1 plan
Via San Giovanni a Carbonara, 5 - ✆ 081 29 58 73 - 8h-12h, 16h30-20h30.
Un élégant escalier du 18e s. mène au portail gothique de l'église fondée au 14e s. À l'intérieur se trouvent l'imposant tombeau de Ladislas d'Anjou (15e s.) et une Crucifixion de Giorgio Vasari. La chapelle **Caracciolo del Sole**, avec son pavage de majolique bleue et ses fresques du 15e s., est éblouissante.
La chapelle **Caracciolo del Vico** s'apparente à un musée de l'art funéraire à la Renaissance.

Madre★

(Museo d'Arte Contemporanea Donnaregina)
F1 plan
Via Settembrini, 79 - ✆ 081 29 28 33 - www.madrenapoli.it - tlj sf mar. 10h-21h, w.-end 10h-24h - 7 €, lun. gratuit.
L'ancien palais Donnaregina a été métamorphosé en musée d'Art contemporain par l'architecte portugais Álvaro Siza. Il abrite une

intéressante collection permanente, constituée d'œuvres d'artistes locaux et internationaux des 20e et 21e s. : Horn, Manzoni, Rauschenberg, Warhol, Klein, Koons… ainsi que des représentants de la Trans-avant-garde, mouvement théorisé et fondé par Achille Bonito Oliva dans les années 1980 en réaction à l'art conceptuel. Le rez-de-chaussée est consacré aux expositions temporaires.

Santa Maria Donnaregina Vecchia★

F1 plan

Vico Donnaregina, 25 - www.museodiocesanonapoli.com - tlj sf mar. 9h30-16h30, dim. 9h30-14h - 6 €,

Cette petite église gothique (14e s.), d'inspiration française, conserve le **tombeau★**, par Tino di Camaino, disciple de Giovanni Pisano, de la reine Marie de Hongrie, veuve de Charles II d'Anjou, qui fonda l'édifice. Les murs du chœur des moniales ont été couverts de **fresques★** au 14e s.

Duomo★

F2 plan

Via del Duomo, 147 - ✆ 081 44 90 97 - 8h30-12h30, 16h30-19h, dim. 8h-13h30, 17h-19h30 ; le parcours archéologique est fermé le dim. apr.-midi.

Construite au 14e s., la cathédrale, dédiée à N.-D.del'Assomption, fut de nombreuses fois remaniée. Particulièrement vénéré, le **trésor de San Gennaro★** est placé dans une chapelle d'un style baroque très riche, fermée par une grille de bronze du 17e s. abritant les deux ampoules contenant le sang du saint. Sous la coupole, fresque mouvementée de Lanfranco *(Le Paradis)*. Dans le transept droit, on peut voir une **Assomption** du Pérugin et la **chapelle** gothique **Minutolo**, pavée de mosaïques du 13e s. et ornée de fresques. La **crypte** *(Succorpo)* est une élégante création Renaissance.

Une porte située au milieu du collatéral gauche donne accès à la **basilique Santa Restituta**, cathédrale primitive du 4e s., transformée à l'époque gothique puis au 17e s. : au fond de sa nef, le **baptistère San Giovanni**, conserve sa physionomie et ses **mosaïques★** du 5e s. L'abside de gauche donne accès à un spectaculaire **parcours archéologique** dans le Naples grec, romain et du haut Moyen Âge.

Museo del Tesoro di San Gennaro★

F2 plan

Via del Duomo, 149 - ✆ 081 29 49 80 - www.museosangennaro.com - tlj sf lun. 9h-17h30 - 6 €.

Il conserve les documents anciens, ex-voto, sculptures en argent et peintures de valeur qui faisaient partie du trésor de San Gennaro, dont le portrait du saint par Solimena (1702), à l'entrée, et l'ostensoir en émaux et pierres précieuses (1837). Ne manquez pas d'admirer les fresques de **Luca Giordano** ornant la sacristie.

San Lorenzo Maggiore★

F2 plan

Via dei Tribunali, 316 - ✆ 081 37 23 720 - 7h45-19h15, dim. 7h45-13h, 17h-19h15.

L'église fut élevée au 14e s. sur un édifice paléochrétien dont elle conserve les murs extérieurs, deux mosaïques et les colonnes bordant sa nef unique. Remaniée dans le style baroque, elle a retrouvé son apparence d'origine à la suite d'une restauration.

À la croisée du transept s'élève un très bel **arc triomphal★** en plein cintre. La nef reflète la rigueur et la sévérité franciscaines. Elle est rectangulaire et nue, exception faite de la chapelle nobiliaire baroque sur le côté droit. Plus soucieuse d'élégance, l'**abside polygonale★** de style gothique français est surmontée de hautes fenêtres géminées en lancette et cernée d'un déambulatoire sur lequel s'ouvrent des chapelles ornées de fresques par des disciples de Giotto. Le croisillon gauche abrite la grande Cappellone di Sant'Antonio (chapelle St-Antoine) avec, au-dessus de l'autel, une peinture du saint entouré d'anges (1438) sur fond doré. À droite du maître-autel, le **monument funéraire★** de la reine Catherine d'Autriche est l'œuvre de Tino di Camaino.

Par le cloître de l'église, on pénètre dans la **salle capitulaire**, aux voûtes et murs ornés de fresques. Ici est conservé un minutieux travail réalisé dans les années 1950 : une singulière « bible illustrée », constituée de sujets en terre cuite placés dans des coquilles de noix.

Napoli Sotterranea★★

F2 plan

Associazione Napolisotterranea, piazza San Gaetano, 68 - ✆ 081 29 69 44 - www.napolisotterranea.org - visite guidée uniquement (1h30 ; en anglais) 10h, 12h, 14h, 16h et 18h (jeu. aussi 21h) ; visite déconseillée aux pers. souffrant de claustrophobie - 9 €.

Enfouis à 30-40 m de profondeur, les souterrains sont des galeries de tuf creusées par les Grecs au 4e s. av. J.-C. pour construire les murs d'enceintes de la cité (quelques vestiges sont visibles piazza Bellini). Plus tard, pour alimenter la ville en eau, les Romains imperméabilisèrent ces espaces et les relièrent à un **aqueduc**. Le système fonctionna jusqu'en 1885, date à laquelle une épidémie de choléra condamna définitivement l'ouvrage. Le parcours conduit ensuite par un passage étroit à plusieurs citernes privées construites par les Grecs, dont une fut transformée en cave à vin et utilisée jusqu'en 1952 par le cloître San Gregorio Armeno, avec un système de ventilation en porcelaine maintenant le taux d'humidité constant.

La visite se termine par le **théâtre romain** de 6 000 places (1er-2e s.). Une partie des ruines est accessible par un *basso* (pièce d'habitation modeste de rez-de-chaussée) : au sous-sol, vous entrez à l'intérieur de la galerie de service, qui faisait alors office de garage. Vous pourrez distinguer également deux des **arches** du monument qui se succèdent via Anticaglia.

Rue typique dans le quartier de Spaccanapoli.

D'autres visites de la ville souterraine sont organisées par l'association Laes : *piazza Trento e Trieste - ✆ 081 40 02 56 - www.lanapolisotterranea.it.*
Plus loin sur le *decumanus* majeur (via dei Tribunali), au-delà de la via San Gregorio Armeno sur la droite, l'**église Santa Maria delle Anime del Purgatorio ad Arco** E3 plan, littéralement « Sainte-Marie-des-Âmes-du-Purgatoire » *(via dei Tribunali, 39 - ✆ 081 446 810 - tlj sf dim. 9h-13h, visite de l'hypogée sam. 10h-12h30)* est riche en symboles macabres (remarquez les crânes de bronze au pied de l'escalier). Elle abritait une confrérie chargée de célébrer des messes pour les âmes du purgatoire. L'hypogée (sépulture souterraine) rassemble de nombreux ossements. Il y a quelques années, on pratiquait la singulière cérémonie du nettoyage des ossements afin d'obtenir une grâce, notamment le rachat d'une faute.

Palazzo Spinelli di Laurino★

F2 plan

Via dei Tribunali, 362.
L'ancien palais de Trojamo Spinelli VIII, duc de Laurini, est l'œuvre d'un des pionniers du baroque napolitain, Ferdinando Sanfelice (1675-1748). Il s'agence autour d'une **cour** elliptique, ornée de statues des Vertus et de médaillons (scènes mythologiques et champêtres). Au fond, l'**escalier** à double révolution dévoile les statues des membres de la famille ducale.
Un peu plus loin, sur le parvis de **Santa Maria Maggiore** (dite aussi la Pietrasanta), au beau pavement de brique et de majolique (1764), s'élèvent, à gauche, la **chapelle Pontano**, d'époque Renaissance *(via dei Tribunali, 16, tlj sf dim. 9h-13h)*, et sur la droite, le beau clocher en brique rouge de l'église d'origine (11e s.).

Piazza Bellini

E2-3 plan

Ses bars attirent des foules jeunes en soirée. Au sud de la place sont encore visibles des vestiges des **murs grecs**.
La pittoresque **via Port'Alba**, surmontée d'un bel arc du 17e s., réunit les plus anciennes librairies de la ville. Vous y trouverez à peu près tout, des classiques aux best-sellers du moment. La **Porta Alba** est l'une des quatre dernières portes du centre historique.

Piazza Dante

E3 plan

L'immense place semi-circulaire, dessinée par **Luigi Vanvitelli** (18e s.), est le trait d'union entre le centre ancien et les quartiers espagnols *(voir ci-dessous)*. Les statues couronnant les bâtiments représentent les vertus de Charles III de Bourbon. Ouverte sur la **via Toledo**, la place est un lieu de passage un peu vide, surtout dans sa partie sud. Le soir, les jeunes s'en emparent pour jouer au ballon sous le regard sévère de Dante.

Le centre monumental★★

Symbole des splendeurs du royaume des Deux-Siciles, le centre monumental, avec ses larges voies et ses édifices solennels investis par les banquiers et les édiles de la ville, raconte le temps où Naples, capitale culturelle et commerciale de l'Europe du Sud, rivalisait avec les grandes villes européennes. Ordonné autour de la via Toledo – percée en 1536 par le vice-roi d'Espagne don Pedro de Toledo – l'ancien quartier des souverains est actuellement en plein renouveau, avec l'ouverture de plusieurs stations de métro aménagées par de grands architectes et la limitation du trafic automobile en surface. Le quartier est célèbre dans tout Naples pour ses nombreuses adresses gourmandes.

➔Conseil : Comptez 1/2 j. de visite à pied, de préférence à l'heure de la sortie des bureaux et de la *passeggiatta* (fin d'après-midi), quand le quartier est le plus animé.

San Nicola alla Carità

E4 plan

Dessinée par Solimena, cette église baroque (17e-18e s.) abrite quelques-unes des plus belles **fresques** du peintre de Salerno Paolo De Matteis (1662-1728), dont *La Gloire de saint Nicolas* et *Le Passage de saint Nicolas*, dans le retable.

À proximité, la via Pignasecca avec ses étals envahissants mène au cœur de **Montesanto**, jusqu'au funiculaire du même nom qui conduit au Vomero *(voir p. 62)*.

En reprenant la via Toledo, vous découvrirez l'entrée de la **station de métro Toledo** (juin 2012), dessinée par l'architecte catalan **Óscar Tusquets Blanca** et signalée par trois puits de lumière hexagonaux : à l'intérieur, les murs sont recouverts de mosaïques noires (la terre volcanique), jaunes (le tuf) et bleues (la mer), et décorés de grands panneaux signés par des artistes internationaux (William Kentridge, Bob Wilson, etc).

Quartieri Spagnoli

D4 plan

Construit en quelques semaines au 16e s. pour loger les troupes espagnoles du vice-roi don Pedro de Toledo, c'est un lieu dense, dominé par la fière Certosa di San Martino, où chaque rue ouvre sur une église ou une image pieuse.

Il n'y a pas de monuments à proprement parler : le quartier, avec ses ruelles formant un damier serré, presque étouffant, suffit à lui-même. Les bâtiments, de modeste facture, sont composés d'innombrables *bassi*, logements de rez-de-chaussée d'une pièce où vit souvent à l'étroit toute une famille. Évitez peut-être de vous y promener la nuit, mais, dans la journée, vous découvrirez ici une certaine image éternelle de Naples, avec ses petits métiers, ses commerces, ses habitants qui s'apostrophent ; en bref, un vrai village comme égaré dans la ville et peuplé de personnages hauts en couleur.

Palazzo Zevallos Stigliano★

E5 plan

Via Toledo, 185 - ✆ 800 16 05 20 07 - www.palazzozevallos.com - tlj sf dim. 10h-18h - 3 €.

Aujourd'hui siège de la Banca Intesa Sanpaolo, le superbe palais se signale par son entrée monumentale. Il a été construit entre 1637 et 1639 par **Cosimo Fanzago**, architecte napolitain à l'origine d'un baroque très original, notamment par son usage des marbres polychromes. La cour couverte a été transformée au début du 20e s. en un merveilleux salon avec baies vitrées et galeries Art nouveau. Au premier étage est exposé le chef-d'œuvre des collections de l'institut bancaire : le magnifique **Martirio di Sant'Orsola★**, peint par le Caravage en 1610, quelques semaines avant sa mort.

Galleria Umberto I★

E5 plan

S'ouvrant sur la via Toledo et le théâtre San Carlo, cette galerie, au pavement de mosaïques relevé de marbre, dorures et bas-reliefs, fut inaugurée en 1890, en pleine vogue des passages couverts à Paris. Au centre, la coupole en verre et en fer forgé est soutenue par d'élégantes figures féminines.

Teatro San Carlo★★

E6 plan

Via San Carlo, 98/F - ✆ 081 55 34 565 - www.teatrosancarlo.it - ♿ - visite guidée sur réserv. 9h-17h30 - fermé en août - 5 €.

Premier théâtre lyrique d'Europe, il fut édifié sous Charles de Bourbon, en 1737, un demi-siècle avant la Scala de Milan et la Fenice de Venise. On y entendait les compositeurs les plus populaires alors à Naples, célébrés dans toute l'Europe, de Niccolò Jommelli à Johann Adolph Hasse en passant par Johann Christian Bach. Entièrement ravagé par un incendie en 1816, l'opéra fut reconstruit à l'identique en seulement six mois, à l'exception de la **loge royale★** : cette dernière possède de somptueux rideaux fabriqués en papier mâché afin d'alléger la structure et d'avoir une meilleure acoustique. Avec son fastueux décor de stucs, de boiseries dorées et de velours rouges, l'intérieur en fer à cheval s'élève sur six étages et comporte 184 loges. Les miroirs installés dans chacune d'elles permettaient à la fois de voir la loge du roi et d'avoir un meilleur éclairage en réfléchissant la lumière des bougies.

Le **bas-relief** ajouté au-dessus de la scène en 1840 comprend une horloge avec un cadran qui pivote sur lui-même, le doigt indiquant l'heure.

Sa parfaite acoustique et l'ampleur de sa scène permettent à ce théâtre d'occuper une place de premier plan dans la vie musicale italienne : la première école de danse et de scénographie italienne y fut fondée en 1816 et Verdi y dirigea plusieurs saisons pendant la seconde moitié du 19e s. L'escalier, le vestibule et la façade, de facture néoclassique, datent de la fin du 19e s.

La **piazza Trento e Trieste** est fermée par le théâtre San Carlo, le côté du palais royal et le **Gran Caffè Gambrinus**, café historique tout en marbre et dorures.

La Galleria Umberto I vue de l'extérieur.

GA

Sur la place s'élève aussi l'église baroque **San Ferdinando**.
Ici commence l'élégante et commercante **via Chiaia**, se dirigeant vers la Naples au luxe tapageur de la piazza dei Martiri et alentour *(voir Chiaia et le Lungomare, p. 60)*.

Piazza del Plebiscito★

DE6 plan
La noblesse de cette immense place en hémicycle aménagée sous le règne de Joachim Murat (1809) force le respect. Elle est fermée d'un côté par le palais royal et de l'autre par la façade néoclassique de l'église **San Francesco di Paola**, construite en 1817 sur le modèle du Panthéon de Rome et prolongée par une colonnade curviligne. Bien que rebaptisée en l'honneur du plébiscite du 21 octobre 1860 qui rattacha définitivement Naples à l'Italie, la place n'en a pas moins conservé les statues équestres des souverains du royaume déchu des Deux-Siciles, Ferdinand de Bourbon et Charles de Bourbon, par Canova. La nouvelle maison souveraine de Savoie fit même installer sur la façade du palais royal les huit statues des principaux anciens rois de Naples (Roger le Normand, Frédéric II, Charles Ier d'Anjou, etc).

Palazzo Reale★

E6 plan
Piazza del Plebiscito, 1 - ✆ 081 40 05 47 - www.palazzorealenapoli.it - tlj sf merc. 9h-19h - fermé 1er janv., 25 avr., 1er Mai et 25 déc. - 4 €.

Bien que plusieurs fois remanié, le **palais royal** desssiné au début du 17e s. par l'architecte **Domenico Fontana** conserve à peu de chose près sa façade dans son aspect d'origine. Entouré à l'arrière de jardins, il constituait un vaste complexe qui accueillait également la manufacture royale de porcelaine, l'imprimerie, la tapisserie, la bibliothèque et l'académie.
Un immense **escalier** à double rampe surmonté d'une voûte à caissons et décoré de stucs par Genovese (1837) donne accès aux **appartements★**, habités par les rois à partir de 1734 et à la **chapelle palatine**, somptueusement décorée.
On découvre tout d'abord la salle de théâtre ; les pièces, à la riche décoration, conservent nombre d'œuvres d'art, peintures, meubles et pièces de porcelaine napolitaines. Remarquez en particulier les magnifiques **battants★** de porte en bois : sur un fond d'or, angelots, jeunes filles et animaux émergent d'une composition florale.
Ne manquez pas non plus d'admirer les deux immenses **tapisseries des Gobelins** (17e-18e s.) du salon des Ambassadeurs, les *Allégories de la terre et de la mer* et les *Histoires d'Henri IV*.
Abritée dans la Bibliothèque nationale, **la collection de papyrus d'Herculanum★** conserve des manuscrits datant du 3e s. av. J.-C. au 1er s., ensevelis pendant des siècles sous les cendres volcaniques de l'éruption qui ravagea Pompéi. Ils furent découverts au 18e s. : après quelques malheureuses tentatives d'ouverture des rouleaux

carbonisés, le père Antoine Piaggio conçut une **machine** spéciale pour les dérouler, à l'aide d'une colle à base de substances naturelles facilitant le décollement des feuilles. Les manuscrits contiennent des textes philosophiques de Philodème et d'Épicure, dont le *De la Nature*, ainsi que des œuvres en latin (comédies, ouvrages juridiques, etc.). *✆ 081 778 19 11 - www.bnnonline.it - la bibliothèque est fermée sam. apr.-midi et dim. ; la collection de papyrus est accessible lun.-vend. 9h-13h30.*

Piazza Municipio

E5 plan

La vaste esplanade descendant vers la mer s'étend à l'emplacement de l'ancien port romain de Naples. Commencée en 2003, la station de métro Municipio peine à s'achever et son inauguration, plusieurs fois repoussée, ne devrait pas intervenir avant 2014. Comme personne ne s'en étonnera en un lieu aussi central, d'importants **vestiges archéologiques** ont été mis au jour au cours des travaux, notamment au pied du Castel Nuovo. Ont ainsi été découverts un complexe thermal, trois bateaux de la période romaine, ainsi qu'un quartier d'habitation datant du bas Moyen Âge.

Castel Nuovo (Maschio Angioino)★

E5 plan

Piazza Municipio - ✆ 081 79 55 877 - tlj sf dim. 9h-19h - 5 €.

Imposant et entouré de profonds fossés, le Castel Nuovo fut construit en 1282 par les architectes de Charles Ier d'Anjou, Pierre de Chaulnes et Pierre d'Agincourt, sur le modèle du château d'Angers. Un remarquable **arc triomphal★★** embellit son entrée côté ville. Celui-ci, exécuté sur les plans de **Francesco Laurana** en 1467, est orné de sculptures à la gloire de la maison d'Aragon. Au fond de la cour intérieure, un escalier, à gauche, conduit à la **salle des Barons** (15e s.), à la voûte ornée d'un réseau d'ogives en étoiles. La **chapelle palatine** (14e s.) est précédée d'un élégant portail Renaissance autrefois surmonté d'une Vierge de Laurana, aujourd'hui conservée avec d'autres œuvres de l'artiste dans la sacristie. La chapelle elle-même abrite le long de ses murs des fresques provenant du château de Casaluce (province de Caserta). Une terrasse panoramique permet de jouir d'une belle **vue** sur les monuments du quartier, le port envahi de paquebots et les toits de Spaccanapoli au fond.

Chiaia et le Lungomare★

Prestigieuses griffes italiennes et internationales, grands hôtels et bars au design soigné, bienvenue dans la Naples ultra-chic de Chiaia, de la via dei Mille et alentour ! L'ambiance change au-delà du port de Santa Lucia, sur le Lungomare, où l'on vient se balader en famille, entre amis ou en amoureux. Plus loin vers l'ouest, près de l'anse de Mergellina, la piazza Sannazzaro attire les noctambules.

➔Conseil : Comptez 1/2 j. de visite. Accès à pied de la piazza del Plebiscito ou par la via Chiaia. Accès en bus (ligne 140), au bas du Palazzo Reale, ou en métro (ligne 2), arrêts Amedeo ou Mergellina.

Porto di Santa Lucia★★

D8 hors plan

Relié à la rive par une jetée, le minuscule port abrite bateaux de plaisance, bars et restaurants huppés très animés en soirée. De la jetée s'offre une **vue★★** admirable sur le Vésuve et la partie occidentale du golfe.

Castel dell'Ovo

D8

Borgo Marinari - ✆ 081 24 00 055 - 8h30-18h, dim. 8h30-14h - gratuit.

Fouettée par les vents, la forteresse de tuf du 16e s., dont le noyau d'origine remonte au 12e s., s'élève à l'emplacement d'une ancienne villa romaine. Elle devint résidence de la maison d'Anjou. Selon la légende, le poète Virgile, réputé magicien, aurait placé un œuf en son cœur, d'où son nom de Castel dell'Ovo (château de l'Œuf). Si l'œuf venait à se briser, les flots engloutiraient l'édifice et la ville. **Vue★★** superbe depuis sa terrasse panoramique.

Villa Comunale

ABC7-8 plan

Les jardins, créés par Carlo Vanvitelli en 1780, s'étendent sur près de 1,5 km.

Au centre, l'**aquarium** (Stazione Zoologica), ouvert en 1874, est l'un des plus anciens d'Europe. Il présente des espèces sous-marines vivant dans le golfe de Naples, notamment de gorgones formant des colonies arborescentes. *✆ 081 58 33 263 - www.szn.it -tlj sf lun. 9h-18h, dim. 9h30-19h30 - 1,50 €.*

Mergellina★

A7

Du port de Mergellina, à l'ouest de la ville, il est possible d'embarquer pour les îles en profitant d'une **vue★★** splendide sur la baie : la colline du Vomero, couronnée par le Castel Sant'Elmo, s'abaisse doucement jusqu'au port de Santa Lucia, dominé par le Castel dell'Ovo ; au fond, le Vésuve.

Le front de mer avec le Castel dell'Ovo.

Le Vomero★

À pied ou plutôt en funiculaire, l'ascension sur le plateau du Vomero permet de jouir de vues d'anthologie sur la cité parthénopéenne et son golfe. Ruelles en escalier, espaces verts, boutiques ciblées middle-class, avenues larges, rectilignes et ombragées rayonnant de la* piazza *dédiée au grand architecte Luigi Vanvitelli, ici, tout prête au calme, à la détente et au lèche-vitrines. Un havre de paix que ce quartier aux allures de ville dans la ville, situé à seulement quelques mètres au-dessus de deux Naples très différentes, l'élitiste Chiaia et les très populaires quartiers espagnols.

➔Conseil : Le plus souhaitable est l'accès en funiculaire (Montesanto, Centrale, Chiaia), à défaut le métro (ligne 1, station Vanvitelli). Les plus sportifs opteront pour l'ascension à pied par la via Pedamentina San Martino (Montesanto) ou la salita Petraio *(quartieri Spagnoli)*.

Castel Sant'Elmo

C4 plan

Via Tito angelini, 22 - ✆ 081 22 94 401 - www.polomusealenapoli.beniculturali.it - tlj sf mar. 8h30-18h30 - 5 €.

Destiné à devenir l'élément clé du système défensif de la ville, l'édifice massif est né en 1329 de la volonté de **Robert d'Anjou**. En forme d'étoile à six pointes et entouré de fossés, l'austère Castel Sant'Elmo a été remanié au 15e s. sous la dynastie aragonaise, avant d'être transformé en prison. Du chemin de ronde, **panorama★** complet sur la baie et sur Naples, dont Spaccanapoli, cicatrice rectiligne traversant la vieille ville.

Le bâtiment situé au milieu de l'esplanade centrale abrite le **Museo del '900**. Embrassant un vaste panorama de la création plastique à Naples entre 1910 et 1980, sa collection est appelée à s'enrichir par donations ou achats d'œuvres d'avant-garde, d'où son nom de *museo in progress*.

Certosa e Museo di San Martino★★

CD4 plan

Largo San Martino, 5 - ✆ 081 55 86 408 - www.polomusealenapoli.beniculturali.it - tlj sf merc. 8h30-18h30 - 6 €.

Admirablement située sur une avancée de la colline du Vomero, la chartreuse frappe d'abord par l'immensité de ses dimensions. Fondée par la dynastie d'Anjou au 14e s., elle fut presque totalement remaniée aux 16e et 17e s. L'entrée du site se fait par la cour monumentale, d'où vous pourrez voir un des éperons du Castel Sant'Elmo, quasiment en aplomb.

Au cours de votre visite, ne manquez pas d'admirer les **points de vue★★** remarquables sur la baie de Naples et le Vésuve.

Chiesa – L'**intérieur★★** de l'église, typiquement baroque avec ses marbres polychromes qui recouvrent le sol, les murs et les balustrades, abrite des

Quartier du Vomero.

toiles de Caracciolo, Solimena, Matteis et d'autres maîtres aujourd'hui moins célèbres. À gauche du chœur, après la **sacristie★** entièrement agrémentée de splendides **marqueteries**, vous rejoignez la salle du trésor dont le plafond est orné d'une fresque de Luca Giordano, *Le Triomphe de Judith*, et l'autel d'une toile de José de Ribera, *La Pietà*. Symétriquement, de l'autre côté du chœur, s'ouvrent la salle du chapitre et le parloir, décoré de peintures encore d'esprit maniériste (fin 16e s.) d'Avanzino Nucci. Puis un escalier descend vers le grand cloître.

Harmonieuse construction aveuglante de blancheur, le **cloître★** constitue sans doute, avec l'église de la chartreuse, l'œuvre la plus importante et la plus caractéristique de l'architecte sculpteur **Cosimo Fanzago**, très actif à Naples *(voir Palazzo Zevallos Stigliano, p 56)*.

Dans le **Museo★**, outre les salles consacrées aux arts décoratifs, au théâtre, à la peinture napolitaine du 19e s. et aux représentations de la ville (dont la célèbre *Tavola Strozzi* figurant la cité vue du port au 14e s.), ne manquez pas la **section navale**, avec ses barques d'apparat (18e-19e s.) et la **section des crèches★★** *(presepi)*. Celle-ci expose une extraordinaire collection de figurines napolitaines en terre cuite polychrome, datant des 18e s. et 19e s. Très riche ensemble d'objets (depuis des petits paniers de fruits et de légumes en cire jusqu'à des animaux et des ustensiles) servant à décorer la traditionnelle crèche napolitaine. La visite se conclut par la grande **crèche Cucciniello** de la fin du 19e s. (dont quelques figurines remontent au 18e s.).

Villa Floridiana★

B5 plan

Via Cimarosa, 77 - ✆ 081 57 88 418 - www.polomusealenapoli.beniculturali.it - tlj sf mar. 8h30-14h - 2,50 €.

C'est un élégant petit palais blanc de style néoclassique, agréablement situé sur la frange du Vomero. La façade s'ouvre sur le jardin, d'où l'on jouit d'un beau **panorama★**. La villa est entourée d'un parc *(en cours de réhabilitation lors de notre passage)* planté de nombreuses essences. Fréquenté par les employés et les élèves du coin, l'endroit prend des allures de grand espace de pique-nique à l'heure du déjeuner.

La villa abrite le **Museo Nazionale di Ceramica Duca di Martina★**, qui présente d'intéressantes collections d'émaux, d'ivoires, de faïences et surtout de porcelaines.

Rione Sanità★

Le faubourg populaire de la Sanità est un enchevêtrement de ruelles sinueuses bâties de part et d'autre du corso Amedeo di Savoia, tracé par Murat. Mémoire du peuple, les nombreuses catacombes du quartier honorent les morts décimés par les épidémies récurrentes qui ravagèrent Naples jusqu'à la fin du 19e s.

➔**Conseil :** Les deux curiosités se trouvent au nord du Museo Archeologico Nazionale, accessibles en bus au départ de la piazza Cavour (lignes C51 et C52).

Catacombe di San Gennaro★★

D1 hors plan

Dans le nord de la ville. Via Tondo di Capodimonte, 13 ; entrée à côté de la Basilica del Buon Consiglio - ✆ 081 74 43 714 - www.catacombedinapoli.it - visite guidée 10h-17h, dim. 10h-13h - 8 €, billet combiné avec les catacombes de San Gaudioso.

Entièrement creusé dans le tuf, le vaste complexe se développe sur deux niveaux. Les amples galeries peu éclairées s'élargissent jusqu'à former, au niveau inférieur, un « baptistère » et, au supérieur, une spacieuse basilique à trois vaisseaux (4e-6e s.). Le tombeau de San Gennaro, dont la dépouille fut transportée ici au 6e s., est orné de fresques représentant le saint. On remarque les très belles peintures décorant les niches funéraires (3e-10e s.) ainsi que la voûte du vestibule, au niveau supérieur, avec les premières représentations chrétiennes, et les portraits des défunts ornant les sépultures familiales.

Cimitero delle Fontanelle★★

D1 hors plan

Via Fontanelle, 154 - ✆ 081 54 41 305 - www.catacombedinapoli.it - tlj sf merc. 10h-17h.

Au bout de la sinueuse via Fontanelle, cette ancienne carrière de tuf gréco-romaine abrite les ossements des victimes de la peste du 17e s., qui extermina les trois quarts des habitants de Naples (300 000 morts).

Rendue célèbre par le film de Rossellini *Voyage en Italie* (1953), la vaste cave, constituée de trois longues allées bordées de crânes, abrite notamment un **autel** constitué d'os et de bois. Le reste des ossements s'accumule, sous le sol, jusqu'à 70 m de profondeur.

L'ossuaire fut l'objet du culte des âmes *pezzentelle* (abandonnées) ou des *capuzelle* (petites têtes), interdit par l'Église dans les années 1950. Il s'agissait d'une dévotion populaire spontanée pour ces défunts anonymes, dans lesquels les fidèles identifiaient les âmes purgatives en quête d'attentions.

Les grands musées★★★

Naples possède une kyrielle de musées, mais deux se hissent au rang des très grands musées italiens. Le Museo Archeologico Nazionale conduira les amateurs de l'Antiquité dans des états proches de l'extase. À Capodimonte, les amoureux de peinture de chevalet s'étourdiront devant une avalanche de chefs-d'œuvre, italiens pour l'essentiel. Un grand parc ombragé permettra de se remettre de tant d'émotions esthétiques avant de retrouver la ville et ses réalités.

➔**Conseil :** Le Museo Archeologico Nazionale est accessible en métro (ligne 1, station Museo ; ligne 2, station Cavour). Évitez absolument de visiter les deux musées dans la foulée, en dépit de la tentation que représente leur relative proximité géographique. Plusieurs bus mènent au musée de Capodimonte, notamment le R4 au départ de la piazza del Municipio.

Museo Archeologico Nazionale★★★

E2 plan

Piazza Museo Nazionale, 19 - ✆ 081 44 22 149 - http://cir.campania.beniculturali.it/museoarcheologiconazionale/ - tlj sf mar. 9h-19h30 - fermé 1er janv., 1er Mai et 25 déc. - 6,50 €. Certaines salles peuvent être fermées pour inventaire, restauration ou absence de personnel. Visite : 2h.

Le musée occupe des bâtiments construits au 16e s. pour abriter la cavalerie royale et qui furent, de 1610 à 1777, le siège de l'université. Ses collections, essentiellement constituées d'œuvres d'art ayant appartenu aux Farnese et de matériel retrouvé à Herculanum et à Pompéi, en font l'un des plus riches musées d'Antiquités grecque et romaine au monde. Leur découverte se révèle le complément indispensable à la visite des sites de Pompéi et d'Herculanum.

Sculptures gréco-romaines★★★ – *Rez-de-chaussée.* L'ensemble du rez-de-chaussée abrite la fameuse collection Farnese, rassemblée à l'initiative du pape Paul III (Alessandro Farnese). Vous admirerez l'**Aphrodite Sosandra**, magnifique réplique d'un bronze grec du 5e s. av. J.-C., à l'expression hautaine et au drapé d'une rare élégance, le célèbre groupe des **Tyrannoctones** Harmodios et Aristogiton qui, au 6e s. av. J.-C., libérèrent Athènes de la tyrannie d'Hipparque (copie en marbre d'un bronze grec), la majestueuse **Pallas Farnese** (Athéna), un bas-relief évoquant les adieux tragiques d'Orphée à Eurydice, réplique d'une œuvre du 5e s. av. J.-C., et une copie du fameux **Doryphore** de Polyclète (5e s. av. J.-C.). Vous verrez également la célèbre *Vénus callipyge* (« aux belles fesses » – 1er s.) et l'admirable **Artémis d'Éphèse** (2e s.), en albâtre et en bronze, représentation de l'idole vénérée dans le célèbre temple : elle a la poitrine couverte de

mamelles, symbole de son caractère nourricier.
Parmi les **groupes monumentaux** découverts au 16e s. dans les thermes de Caracalla à Rome *(salles 11 à 16)* se dresse une statue féminine en basalte du 5e s. av. J.-C. (probablement une Nikê, personnification du Triomphe et de la Victoire). L'imposant **Taureau Farnese**, sculpté dans un seul bloc de marbre, évoque le supplice de Dircé, la légendaire reine de Thèbes. Vous ne manquerez pas le monumental **Hercule Farnese**, sculpté au repos après avoir achevé ses célèbres travaux. Accessible par la salle 13, le cabinet des **gemmes taillées** *(salles 9 et 10)* compte l'un des joyaux du musée, la célèbre **Tasse Farnese★★★**, énorme camée en forme de coupe, réalisé à Alexandrie au 2e s. av. J.-C.

Mosaïques et cabinet secret★★ – *Entresol à gauche.* Provenant pour la plupart de Pompéi, d'Herculanum et de Stabies, les mosaïques frappent par la variété de leurs styles, de leurs sujets, et par leur fraîcheur : on remarquera les deux petites scènes réalistes (*Consultation chez la magicienne* et *Musiciens ambulants*), signées Dioscourides de Samos, et les *Acteurs en scène* retrouvés à Pompéi dans la maison du Poète tragique *(salle 59)*. Les salles 60 et 61 abritent les mosaïques de la maison pompéienne du Faune (notez la frise à festons et masques) dont la **Bataille d'Alexandre** qui illustre avec un sens admirable du mouvement et de la profondeur (cheval vu de dos au 1er plan) la victoire du roi de Macédoine sur le roi des Perses Darius. La collection comprend également de beaux exemples d'*opus sectile* (salle 57).
Dissimulé tout au fond de l'entresol, le **cabinet secret★★**, longtemps interdit au public, conserve les **fresques** originales des lupanars de Pompéi et d'Herculanum, ainsi qu'une riche collection d'**objets** érotiques retrouvés sur place : stelle funéraire en forme de phallus, statue du dieu Pan en ébats avec une chèvre, *tintinnabulum* (grelot) en bronze et amulette en argent aux formes explicites, etc.

Salles de la villa de Pison et des Papyrus★★★ – *En haut des escaliers, à droite.* On suppose que cette villa, découverte à Herculanum au 18e s., puis réensevelie, appartenait à L. Calpurnius Pison, beau-père de Jules César. Son propriétaire avait fait de cette demeure un véritable musée.
La salle des Papyrus *(salle 114)* renferme des photographies de quelques-uns des 800 papyrus qui formaient la bibliothèque. La salle 116 rassemble les **statues en bronze** qui ornaient le péristyle de la villa : on reconnaît le **Silène ivre**, tout à son allégresse, et un jeune **Satyre endormi** au visage admirable dans l'abandon du sommeil ; les deux **Athlètes**, saisissants de vie, sont inspirés de Lysippe (4e s. av. J.-C.) ; les fameuses **Danseuses d'Herculanum** sont probablement des porteuses d'eau ; le célèbre **Hermès au repos**, au corps élancé et vigoureux, reflète l'idéal de Lysippe. Dans la salle 117, outre le **portrait** dit à tort **« de Sénèque »**, l'un des plus remarquables

de l'Antiquité par sa puissance d'expression, on note une « tête idéale », identifiée à Artémis, et la majestueuse Athéna Promachos.

Argenterie, ivoires, terres cuites et verrerie★ – *À l'entrée du Salone della Meridiana (salon du Cadran solaire), à gauche.* Dans ces salles sont rassemblés des objets provenant principalement d'Herculanum et de Pompéi : trésor en argent retrouvé dans la maison de Ménandre à Pompéi, petits ustensiles d'ivoire, armes grecques et italiques, objets en verre, dont le splendide **vase bleu★★** décoré de petits Amours et de scènes de vendanges.

De cette section, on accède à la salle où est exposée la **maquette de Pompéi** en chêne-liège à l'échelle 1/100, exécutée en 1879.

Salles du temple d'Isis★★★ – *Après les salles d'argenterie.* Objets et peintures du temple découvert à Pompéi au dos du Grand Théâtre. Trois espaces sont plus particulièrement évoqués et partiellement reconstruits : le portique, l'*ekklesiasterion* (où se réunissaient les adeptes d'Isis) et le *sacrarium* (sanctuaire où étaient déposés les objets sacrés). Les fresques des murs représentent des natures mortes : figues, raisins, oies et colombes, éléments tous en relation avec le culte de la déesse égyptienne. On remarque surtout les beaux et grands panneaux (bien conservés), où sont peints des paysages sacrés et des scènes liées au mythe de Io.

Salles des fresques★★★ – *Au fond du Salone della Meridiana, à gauche, ou après les salles du temple d'Isis.* Très belles fresques provenant essentiellement de Pompéi, d'Herculanum et de Stabies. Leur diversité de style et la variété des couleurs attestent la richesse décorative romaine. Ces splendides peintures s'inspirent tantôt de la mythologie (légende d'Héraclès, d'Ariane), tantôt de la tragédie *(Médée, Iphigénie)* ou encore de poèmes épiques (épisodes de la guerre de Troie). Elles sont souvent encadrées de perspectives architecturales, de frises d'Amours, de satyres et de ménades. Remarquez la douceur et la légèreté des figures féminines retrouvées à Stabies, représentant Léda, Médée, Flore et Artémis.

Palazzo e Galleria Nazionale di Capodimonte★★

D1 hors plan

Via Miano, 2 - ✆ 081 74 99 111 - www.polomusealenapoli.beniculturali.it - tlj sf merc. 8h30-19h30 (dernière entrée 18h30) - fermé 1er janv., 1er Mai et 25 déc. - 7,50 €. Visite : 2h.

L'ancien **domaine royal★** de Charles de Bourbon, établi sur la colline de Capodimonte, est formé d'un palais massif et austère, bâti entre 1738 et 1838, et d'un grand parc où subsistent notamment les restes d'une fabrique de porcelaine qui fut célèbre au 18e s. Le palais abrite une pinacothèque et les appartements royaux.

Pinacoteca★★ – La collection des Farnese, héritée des Bourbons et enrichie au fil du temps, constitue le noyau de la pinacothèque. La collection

Statues du Museo Archeologico Nazionale.

s'ouvre par la galerie Farnese, qui présente de célèbres portraits des principaux représentants de la famille, dont **Paul III avec ses neveux★★**, chef-d'œuvre de profondeur psychologique de **Titien**, peintre ici très présent.
Dans l'émouvante **Crucifixion★★★** de Masaccio, le personnage de Marie-Madeleine vêtu d'un habit rouge feu et tendant les bras vers la Croix dans un geste dramatique est un parfait exemple du travail de perspective qui fit de Masaccio un précurseur de la Renaissance. La position rentrée de la tête du Christ n'est pas une erreur : le panneau, placé à l'origine au sommet d'un haut polyptyque, devait être vu d'en bas. Dans **la Transfiguration★★** de **Bellini**, l'utilisation de la lumière et des nuances produit une impression de sérénité qui baigne tout le paysage. Le célèbre *Portrait de Fra'Luca Pacioli* est également exposé dans la section vénitienne. Parmi les maniéristes, on remarque Sebastiano del Piombo **(Portrait de Clément VII★)**, le Pontormo et le Rosso. Sérénité et douceur émanent de la petite toile du Corrège, les **Noces mystiques de sainte Catherine**, tout comme de la *Sainte Famille* du **Parmesan**, qui souligne ici le rôle primordial de la maternité : la figure de l'Enfant n'apparaît pas entièrement dans le tableau. Du même artiste, on admire aussi la *Lucrèce* et l'élégante **Antea★**.
Dans la section flamande, on relève deux œuvres de **Pieter Bruegel**, *Le Misanthrope* et **La Parabole des aveugles★★**, illustrant la parole lancée par le Christ aux Pharisiens : « Laissez-les. Ce sont des aveugles qui guident des aveugles ». Parmi le très riche ensemble d'œuvres des Carrache, remarquez une rarissime **huile sur alabastre★**. Sur l'une des faces est représentée une **Annonciation**, sur l'autre une **Vierge à l'Enfant**.

Premier étage – **Appartements royaux**. Est ici exposé le célèbre **portrait de Maria Luisa di Parma**, sulfureuse reine de Naples, peint par **Goya**. Les appartements sont remarquables par la qualité du mobilier présenté, dont se détache notamment un **cabinet★** réalisé entre 1757 et 1759. Il est entièrement plaqué de porcelaine décorée de pampres et de scènes d'inspiration chinoise.

Deuxième étage – Les **tapisseries★**, réalisées à Bruxelles d'après des cartons de Bernard Van Orley, racontent la bataille de Pavie (1525), opposant Charles Quint à François Ier : un véritable traité en image de l'art de la guerre ! Suit la galerie de peinture napolitaine. Figurent ici le **Saint Louis de Toulouse** de Simone Martini, le **Saint Jérôme dans sa cellule** de Colantonio, de très nombreux primitifs et peintures sur fond d'or, ainsi que la saisissante **Flagellation★★** du **Caravage**, œuvre particulièrement bien mise en valeur.

Troisième étage – Il se consacre aux collections du 19e s. (œuvres de Morelli et Palizzi), à la photographie (travail du photographe napolitain Mimmo Jodice) et à l'art contemporain (*La Grande Craquelure noire* de Burri et le *Vesuvius* de **Warhol**).

Le golfe de Naples★★★

Du cap Misène à la presqu'île de Sorrento, le golfe de Naples décrit une immense courbe dominée par l'imposante silhouette du Vésuve et prolongée à l'ouest par les îles de Procida et d'Ischia, à l'est par celle de Capri. Même si la beauté de ses côtes, qui enchantait Goethe et charmait Lamartine, a été altérée par une urbanisation anarchique et par l'industrialisation, ses pics, ses caps, ses péninsules parlent encore à l'imagination des contemplatifs. Sans oublier les cités antiques lovées sous le Vésuve, qui semblent toujours défier le volcan assoupi.

➔Conseil : Évitez la période de juillet et août, lorsque la circulation est affolante et l'activité touristique intense ; préférez le printemps ou l'automne, juin et septembre étant les mois idéaux.

Le Vésuve★★★

Indissociable du paysage napolitain, le Vésuve est l'un des rares volcans européens encore en activité. Il est formé de deux sommets : au nord le **mont Somma** (1 132 m), au sud le Vésuve proprement dit (1 277 m). Avec le temps, les matériaux éruptifs qui couvraient ses basses pentes se sont transformés en terres fertiles, où croissent aujourd'hui des arbres fruitiers et des vignes produisant le fameux lacrima-christi. Il est protégé depuis 1995 par un **Parc national** et classé réserve de biosphère par l'Unesco. Il abrite une flore très riche comprenant près de mille espèces différentes, et, parmi la faune, une grande variété de papillons diurnes (44 espèces) et d'oiseaux (buses, éperviers, corbeaux impériaux, faucons pèlerins et crécerelles, etc).

Les éruptions du Vésuve – Avant le séisme de 62 apr. J.-C. et l'éruption de 79 qui ensevelit Herculanum et Pompéi, le Vésuve semblait mort : des vignes réputées et des bois garnissaient ses pentes. Jusqu'en 1139, sept éruptions furent enregistrées, puis suivit une période de calme, au cours de laquelle la montagne se couvrit de cultures. Le 16 décembre 1631, le Vésuve eut un terrible réveil, détruisant toutes les habitations situées à son pied : 3 000 pers. périrent. L'éruption de 1794 dévasta **Torre del Greco**, puis le volcan se manifesta à intervalles rapprochés tout au long de la seconde moitié du 19e s. Après celle de 1929, l'éruption de 1944 a modifié le profil du cratère. Depuis, hors une brève manifestation liée au séisme de 1980, le Vésuve ne souffle plus que quelques fumerolles. Il n'en demeure pas moins dangereux et surveillé en permanence. La prochaine éruption, certaine à 80 % au cours du 21e s. selon d'éminents vulcanologues du monde entier, risque d'être violente, effet de la solidification de la lave dans le conduit menant à la bouche du volcan.

Ascension – *À partir d'Herculanum, avec retour par Torre del Greco : 27 km, plus 45mn à pied AR (chaussures de marche nécessaires). Parking payant à côté de la route ou à Herculanum ; service d'autobus, départ de la gare ferroviaire, ligne Circumvesuviana. Guide obligatoire pour aller jusqu'au bord du cratère - ✆ 081 77 75 720 ou 337 94 22 49 - www.vesuviopark.it - 6,50 €.*
Une route en bon état conduit au milieu des coulées de lave à un carrefour où l'on prend à gauche *(parking quelques kilomètres plus haut)*. Après avoir laissé la voiture, on gravit, par un chemin facile mais impressionnant, le flanc du volcan dans un décor plombé de cendres et de lapilli.
Du sommet, on embrasse un immense **panorama★★★** sur toute la baie de Naples, avec les îles et la presqu'île de Sorrento au sud, le cap Misène au nord ; au-delà se déploie le golfe de Gaeta.
Par l'ampleur de ses dimensions, l'aspect de désolation que présentent ses parois en à-pic et les fumerolles qui s'en dégagent, le cratère béant, dont la couleur rose flamboie sous les rayons du soleil, offre une vision inoubliable.

Torre Annunziata

C'est là que sont produites les pâtes napolitaines (spaghettis, macaronis). La ville a été recouverte sept fois par les laves du Vésuve. On y visite la somptueuse Villa di Oplontis, inscrite en 1997 au patrimoine mondial de l'humanité par l'Unesco.
Villa di Oplontis★★ – *Via dei Sepolcri - Torre Annunziata - ✆ 081 85 75 347 - www.pompeiisites.org - 8h30-19h30 (17h hors sais.), dernière entrée 1h30 av. la fermeture - 5,50 €, billet combiné avec l'antiquarium de Boscoreale et les villas de Stabies.*
Ce bel exemple de villa romaine suburbaine a peut-être appartenu à Poppée, l'épouse de Néron. Le vaste édifice comprenait une aile réservée aux domestiques (à l'est) et un secteur des appartements impériaux (à l'ouest). L'intégralité des très belles **fresques** de la villa a été conservée *in situ*.
On peut admirer en particulier des perspectives avec des éléments architecturaux, des médaillons avec des portraits et des natures mortes, parmi lesquelles se détachent une corbeille de figues et des compositions de fruits (respectivement dans les deux espaces à l'est et à l'ouest de l'atrium, identifiés comme des tricliniums).
En raison des nombreuses représentations de paons, on a pensé que le nom de la villa pouvait être lié à cet oiseau. On reconnaît aisément la cuisine (avec four et évier) et les latrines, qui présentent un système avancé d'écoulement et de chasse d'eau. Les locaux à l'ouest de la piscine, peut-être aménagés en serres, conservent de belles fresques avec des compositions florales et des fontaines.

Monte Faito★★

Accès depuis Vico Equense par une route panoramique ou depuis Castellammare di Stabia par un funiculaire partant de la piazza Circumvesuviana (trajet 10mn) - fermé oct.-mars - 8,20 € AR.

Naples et le Vésuve en toile de fond.

Il appartient au massif des **monts Lattari**, qui sépare le golfe de Naples de celui de Salerno et se termine par la presqu'île de Sorrento. Son nom lui vient des hêtres (*fagus* en latin) qui y procurent en été une agréable fraîcheur. Du belvédère dei Capi, on jouit d'une splendide **vue★★★** sur le golfe de Naples. De là, une route monte à la **chapelle San Michele** d'où l'on découvre un **panorama★★★** incomparable : on demeure stupéfait par le contraste entre les paysages sauvages des monts Lattari et le spectacle riant offert par le golfe de Naples et la plaine du Sarno.

Vico Equense★

La petite station climatique et balnéaire occupe un site pittoresque sur un promontoire rocheux où les habitants de la région venaient se réfugier lors des incursions sarrasines. Dans le **centre historique★**, vous visiterez la **cathédrale**, exemple rare d'église gothique dans la région, et le **château angevin** qui se dresse au-dessus de la mer, entouré d'un splendide jardin. Du centre, un chemin descend aux **plages★** de Marin di Equa, accessibles également de Seiano. Ne manquez pas non plus la **spiaggia della Tartaruga** *(plage de la Tortue)* au nord de Vico Equense.

Sorrento★★

L'importante localité domine une vaste baie. D'exubérantes plantations d'orangers et de citronniers envahissent la ville et la campagne, tandis qu'hôtels et villas se dissimulent au milieu de jardins merveilleusement fleuris. Sorrento s'enorgueillit d'avoir vu naître, en 1544, le poète **Torquato Tasso**, connu en français sous le nom du **Tasse**.

Museo Correale di Terranova★ – *Via Correale 50 - ✆ 081 87 81 846 - www.museocorreale.it - tlj sf mar. 9h30-13h30- fermé j. fériés - 7 €.* Installé dans un palais du 18e s., il abrite de remarquables pièces de marqueterie en mosaïque de Sorrento (secrétaire de 1910) et une petite collection archéologique ; au premier étage, mobilier des 17e et 18e s. et intéressantes peintures napolitaines (17e-18e s.). Deux salles sont consacrées aux paysagistes de l'**école du Pausilippe**, née vers 1830 et qui avait pour chef de file **Giacinto Gigante** (1806-1876). Au deuxième étage, belle collection de porcelaines et de majoliques. En traversant le jardin du musée, on parvient à un belvédère en terrasse qui dévoile une **vue★★** magnifique sur le golfe.

Le centre historique – La via San Cesareo, *decumanus* de la ville romaine, conduit au **Sedile Dominova**, siège de l'administration urbaine à l'époque angevine, qui se présente comme une loggia ornée de fresques et surmontée d'une coupole en majolique du 17e s. En suivant la via San Giuliani, perpendiculaire, on atteint l'église baroque **San Francesco**, surmontée d'un campanile à bulbe et flanquée d'un ravissant **cloître★** du 13e s. où se mélangent les styles. Ses chapiteaux décorés de motifs végétaux évoquent l'art byzantin, tandis que les arcs entrecroisés font penser à la Sicile. Juste à côté, les jardins de la **Villa Comunale** offrent un magnifique **point de vue★★** sur le golfe de Naples.

Museo Bottega della Tarsialignea★ – *Palazzo Pomarici Santomasi - via San Nicola, 28 - ☏ 081 87 71 942 - www.alessandrofiorentinocollection.it - visite guidée tlj sf lun. 9h30-13h, 15h-19h (16h-20h en été) - fermé j. fériés - 8 €.* Installé à l'intérieur d'un palais du 17e s., ce centre est dédié à la célèbre **marqueterie sorrentine.** Dans le musée proprement dit, vous pourrez admirer, après une introduction historique, une remarquable collection de **pièces★** du 18e s., produites principalement par les trois plus fameux artistes locaux de l'époque, Luigi et Giuseppe Gargiulo, et Michele Grandville. L'école des arts appliqués installée sur place a restauré certaines de ces pièces. La boutique présente des œuvres contemporaines, de l'accessoire de maison au mobilier : porte manteaux, appliques, miroirs, tables, chaises, portes, boiseries, etc.

Penisola Sorrentina★★

Quittez Sorrento par la route S 145 en direction de l'ouest et, à une bifurcation, prenez à droite la route de Massa Lubrense.

La petite route sinueuse qui, de Sorrento, permet de faire le tour de la presqu'île procure des vues magnifiques sur les collines verdoyantes, couvertes d'oliviers, d'orangers et de citronniers, auxquels se mêle la vigne ; celle-ci grimpe à l'assaut de curieux treillis, où sont empilées des nattes destinées à protéger les agrumes du froid de l'hiver. De la **pointe du cap de Sorrento** *(accès à pied, à partir de l'église de Capo di Sorrento, par une route à droite puis, au-delà d'un collège, un chemin pavé ; 1h AR)* s'offre une **vue★★** superbe sur Sorrento. À **Sant'Agata sui Due Golfi**, bâti sur une crête qui domine les golfes de Naples et de Salerno, le **belvédère del Deserto** (monastère bénédictin situé à 1,5 km à l'ouest du village) délivre un splendide **panorama★★**. *☏ 081 87 80 199 - avr.-sept. : 8h30-12h30, 16h-20h ; reste de l'année : 8h30-12h30, 14h30-16h30.*

Après Sant'Agata, la descente vers Colli di San Pietro, extrêmement rapide, est spectaculaire. De là, on peut revenir à Sorrento par la route S 163, afin de profiter de superbes **vues★★** sur le golfe de Naples.

Herculanum★★

Fondée, d'après la tradition, par Hercule, cette ville romaine fut ensevelie, comme Pompéi, lors de l'éruption du Vésuve en 79 apr. J.-C. Les patriciens riches et cultivés l'avaient choisie comme lieu de villégiature en raison de la beauté de son site au sein du golfe de Naples. Le site a été inscrit sur la liste du patrimoine mondial de l'Unesco en 1997.

➔**Conseil :** Prévoyez une bonne demi-journée en venant de Naples.

Visite : 2h. Attention : certaines des maisons décrites peuvent être périodiquement fermées en raison de travaux de restauration et de conservation. ☏ 081 85 75 347 - www.pompeiisites.org - 8h30-1h av. le coucher du soleil - 11 € ; billet combiné avec les sites de Pompéi, Oplontis, Stabies, Boscoreale 20 €.

Herculanum est divisée en quartiers par trois voies secondaires *(cardo)* et deux voies principales *(decumanus)*. La ville présente des types d'habitations très variés. En 79, le torrent de boue qui déferla sur la ville et rattrapa les habitants qui tentaient de fuir enroba et comblat le moindre recoin de la cité. Le caractère particulièrement émouvant que revêt la visite d'Herculanum est dû en grande partie à la soudaineté de cette coulée de boue : charpentes, poutres, escaliers, portes ou cloisons, brûlés à Pompéi, ont été conservés ici comme dans une carapace protectrice.

L'itinéraire de visite commence en bas du cardo III.

La **Casa dell'Albergo** est une vaste maison patricienne qui était sur le point d'être transformée en maison de location, d'où son nom de **maison de l'Auberge**. Ce fut l'une des plus dévastées par l'éruption.

La **Casa dell'Atrio a Mosaico★★** doit son nom au pavement de son atrium, constitué par une mosaïque en damier. À droite, un jardin entouré d'un péristyle ; à gauche, les chambres à coucher. Au fond, le triclinium (salle à manger). La terrasse, flanquée de deux petites chambres de repos, offrait une vue agréable sur la mer.

Dans la **Casa a Graticcio★★**, un treillage de bois *(graticcio)* formait la trame des murs ; c'est le seul exemple de ce mode de construction qui nous est parvenu de l'Antiquité.

Adjacente à la précédente, la **Casa del Tramezzo Carbonizzato★**, avec sa façade remarquablement conservée, est un bel exemple de demeure aristocratique capable d'accueillir plusieurs familles. Une clôture *(tramezzo)* de bois, dont subsistent seulement les parties latérales, séparait l'atrium du tablinum (salle de séjour).

Juste à côté, la **boutique du teinturier** conserve une intéressante presse en bois.

La **Casa Sannitica★★**, construite sur un plan sobre, typique des habitations samnites, possède un superbe **atrium** autour duquel court une galerie à colonnes ioniques. Les chambres sont décorées de fresques.

Mosaïques dans la Casa del Mosaico di Nettuno et Anfitrite.

Datant de l'époque d'Auguste, les **thermes★★★** sont modestes mais très bien conservés. Leur plan, d'une logique distributive remarquable, permet de restituer d'abord le **bain des hommes** avec sa palestre, ses vestiaires et ses différents bains : froids (frigidarium), avec voûte ornée de fresques, tièdes (tepidarium) et chauds (caldarium).
Dans le **bain des femmes**, on voit successivement la salle d'attente, le vestiaire (apodyterium) avec un pavement à mosaïque représentant Triton, le tepidarium, sur le sol duquel une mosaïque évoque un labyrinthe, et le caldarium.
La **Casa del Mobilio Carbonizzato★** c'est-à-dire la maison du Mobilier carbonisé, présente des dimensions modestes, mais néanmoins une assez belle allure. Dans une pièce subsiste un lit à montants de bois.
La **Casa del Mosaico di Nettuno e Anfitrite★★** est complétée par une **boutique★** et son comptoir donnant sur la rue. Le nymphée est orné d'une mosaïque représentant Neptune et Amphitrite.
Tout de suite après, une cour à escalier et balcon de pierre tenant lieu d'atrium (au beau *cortile* qui désigne ce lieu) fait de la **Casa del Bel Cortile★** l'une des demeures les plus originales d'Herculanum.
La **Casa del Bicentenario★**, dégagée en 1938, soit deux cents ans après le début officiel des fouilles, est décorée de fresques et d'une croix qui reste l'un des plus anciens témoignages du culte chrétien dans l'Empire romain.
Comme en témoigne une inscription, le **pistrinum★★** était la boulangerie d'un certain Sextus Patulus Felix : dans la boutique et l'arrière-boutique, on peut voir des moulins et un grand four.
La **Casa dei Cervi★★**, riche maison patricienne, sans doute la plus belle de celles qui donnaient sur le golfe, était abondamment décorée de fresques et d'œuvres d'art, notamment un groupe sculpté représentant des cerfs *(cervi)* assaillis par des chiens.
La visite se termine par les **Terme Suburbane★**. Ces petits thermes, plus récents que ceux du forum, conservent une élégante décoration. On peut jeter également un œil au **Teatro★** *(entrée par la via Mare, 123)* qui pouvait accueillir 2 000 spectateurs, soit la moitié de la population estimée de la ville.
Après le cardo III, sous l'aire sacrée, un escalier mène à la plage antique et aux **arcades** *(i fornici)*, magasins portuaires ou abris pour embarcations qui ouvraient sur le littoral. En 1980, on a retrouvé les squelettes de 300 personnes venues se réfugier ici pendant l'éruption, tuées par les températures élevées des nuées ardentes. Une embarcation de 9 m de long a été découverte à proximité, avec les squelettes du rameur et d'un soldat.

Pompéi★★★

Pompéi, ville somptueuse ensevelie en 79 apr. J.-C. par une énorme éruption du Vésuve, constitue un document capital sur l'Antiquité. Par leur ampleur et leur variété, par la beauté du paysage environnant, les ruines de Pompéi procurent une vision grandiose et émouvante de ce que pouvait être une cité romaine à l'époque impériale. Comme Herculanum, Pompéi a été inscrite sur la liste du patrimoine mondial de l'Unesco en 1997.

➔**Conseil :** Compte tenu de l'étendue et de la richesse du site, commencez la visite dès le matin pour profiter des heures les plus fraîches de la journée.

Visite : 1/2 j. minimum. Attention : certains sites décrits peuvent être fermés en raison du Grande Progetto Pompei, ambitieux chantier de restauration et de sauvetage lancé en 2012… voire du manque de personnel de surveillance. ✆ 081 85 75 347 - www.pompeiisites.org - 8h30-1h av. le coucher du soleil - 11 € ; billet combiné avec les sites d'Herculanum, Oplontis, Stabies, Boscoreale 20 €.

Pompéi surprend d'abord par l'ingéniosité de son urbanisme, liée à sa vocation commerciale. Il fallait pouvoir y circuler sans encombre, à pied ou en char. Les rues, larges et rectilignes, sont en pierres, certaines usées par les roues des chariots. Elles disposaient de trottoirs élevés pour faciliter l'écoulement des eaux de pluie. Disposés sur les voies, des blocs de pierre permettaient aux piétons de traverser sans fouler la chaussée salie par les déjections animales.

Foro★★★

C'était le cœur de la vie publique. On y célébrait les cultes, on y faisait du commerce, on y donnait enfin des spectacles et des jeux. Des principaux édifices publics, civils et religieux qui entouraient le forum, le plus vaste était la **Basilica**★★ (67 m sur 25), dédiée aux affaires commerciales et judiciaires.

Le **Tempio di Apollo**★★ (6e s. av. J.-C.), orné de copies des statues d'Apollon et de Diane, se découpe devant la silhouette du Vésuve. Au fond de la place, au nord, surgit le **Tempio di Giove**★★ (temple de Jupiter), le plus important de Pompéi (2e s. av. J.-C.).

Le **Macellum** abritait le principal marché de la ville. Commencé sous Auguste, achevé sous Tibère, le **Tempio di Vespasiano** (temple de Vespasien) était dédié au culte impérial.

Un élégant **portail**★ à corniche mène à l'**Edificio di Eumachia** (édifice d'Eumachie).

Foro Triangolare★

Accès par la via dell'Abbondanza puis, à droite, la via dei Teatri.

Son petit temple dorique, dont les vestiges émergent du sol, témoigne de l'existence de la cité au 6e s. av. J.-C.

Les théâtres★★

Élevé au 5e s. av. J.-C., transformé sous Auguste, scandaleusement « restauré » récemment par injection de ciment, le **Teatro Grande★** pouvait accueillir 5 000 spectateurs. D'une capacité de 800 personnes, le Teatro Piccolo ou **Odeon★★** (80 av. J.-C.) était couvert et réservé à des œuvres moins fédératrices que les représentations théâtrales – poèmes, concerts ou mimes.

Tempio di Iside★

Derrière le Teatro Grande. Il est dédié à la déesse égyptienne Isis, dont le culte témoigne des contacts avec l'Orient et l'Égypte à l'époque hellénistique.

Casa del Menandro★★

Accès par le vicolo del Menandro.
Cette riche demeure patricienne conserve de somptueuses décorations, dont de nombreuses représentations de la guerre de Troie (dans la chambre qui donne sur l'atrium) et un pavement de mosaïque.

La via dell'Abbondanza★★

Bordée de maisons, de boutiques et d'ateliers, elle reste l'une des plus évocatrices de Pompéi.
Dans la **Fullonica Stephani★★** (blanchisserie de Stephanus), on nettoyait les étoffes neuves et les vêtements qui avaient déjà servi.
Le **Termopolio di Asellina** est un débit de boissons. Ne manquez pas de voir le laraire (autel dédié à l'esprit tutélaire de la maison) peint du **Termopolio Grande★**.
Sur la façade de la **Casa di Trebius Valens**, des inscriptions, jouant le rôle d'affiches électorales, rappellent l'importance de la chose politique.
Remarquez le beau jardin de la **Casa di Loreius Tiburtinus★**, aménagé pour les jeux d'eau.
Près de la Porta di Sarno à l'est, la **Villa di Giulia Felice★** s'organise autour de trois espaces : la partie réservée aux propriétaires, des bains ouverts au public et un « local commercial » destiné à la location.

Anfiteatro★

C'est le plus ancien du monde romain qui ait été conservé (80 av. J.-C.), il est excentré afin d'éviter les nuisances occasionnées par l'affluence du public : sous son vélum, 20 000 spectateurs trouvaient place ! Les athlètes s'entraînaient à côté, dans l'immense **palestre** renfermant une piscine. Faites ensuite un détour vers le sud par la **Necropoli★** de la Porta di Nocera et sa suite de tombeaux ordonnés le long de la route qui quittait la ville.

Orto dei Fuggiaschi★

(jardin des Fugitifs) Ce grand espace accueille les moulages de plusieurs victimes, dont des enfants, ayant succombé à la pluie de cendres tandis qu'elles cherchaient une issue. Un spectacle troublant.

Le forum et le temple de Jupiter.

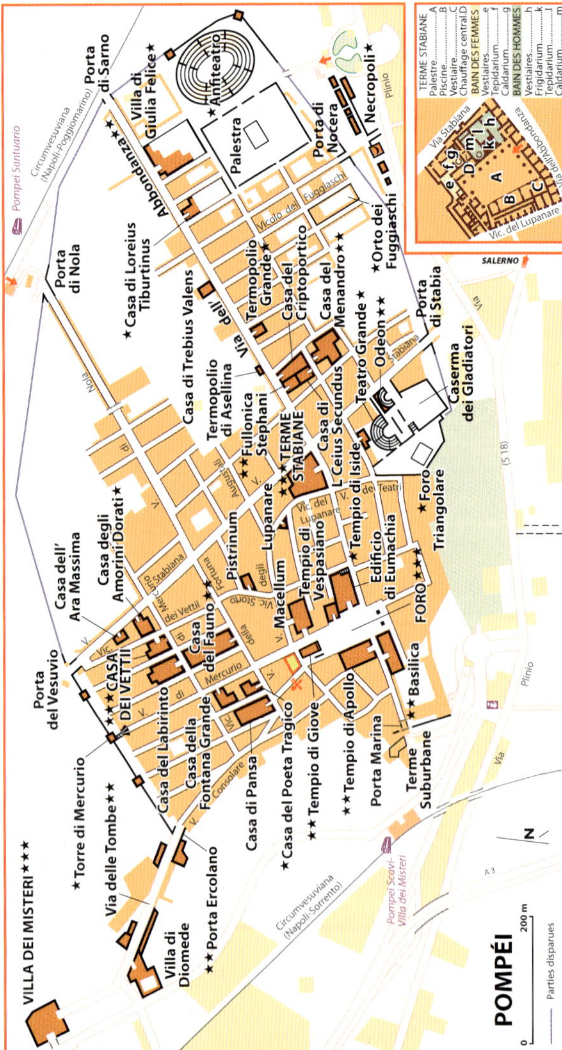
POMPÉI
0
200 m
Parties disparues
VILLA DEI MISTERI ★★★
Villa di Diomede
★★ Porta Ercolano
Via delle Tombe ★★
★ Torre di Mercurio
Porta del Vesuvio
★★★ CASA DEI VETTII
Casa dell' Ara Massima
Casa degli Amorini Dorati ★
Casa del Labirinto
Casa della Fontana Grande
Casa del Fauno ★★
Casa di Pansa
★ Casa del Poeta Tragico
★★ Tempio di Giove
★★ Tempio di Apollo
Porta Marina
Terme Suburbane
★★ Basilica
FORO ★★★
Edificio di Eumachia
★ Tempio di Vespasiano
Macellum
Pistrinum
Lupanare
★★ TERME STABIANE
★★ Fullonica Stephani
Termopolio di Asellina
Casa di Trebius Valens
★ Casa di Trebius Valens
Casa di Loreius Tiburtinus
Porta di Nola
Porta di Sarno
Villa di Giulia Felice ★
★ Anfiteatro
Palestra
Porta di Nocera
Necropoli ★
Orto dei Fuggiaschi ★
Casa del Menandro ★★
Casa del Criptoportico
Termopolio Grande ★
Casa di L. Ceius Secundus
Teatro Grande ★
Odeon ★★
Tempio di Iside
★ Foro Triangolare
Caserma dei Gladiatori
Porta di Stabia
Via dell' Abbondanza ★★
Vicolo dei Fuggiaschi
Vic. del Lupanare
V. dei Teatri
V. Stabiana
V. di Mercurio
V. dei Vettii
V. della Fortuna
V. degli Augustali
Vic. Storto
V. Consolare
V. di Nola
Circumvesuviana (Napoli-Poggiomarino)
Pompei Santuario
Circumvesuviana (Napoli-Sorrento)
Pompei Scavi-Villa dei Misteri
Via Plinio
(S 18)
A 3
SALERNO
N
TERME STABIANE
Palestre A
Piscine B
Vestiaire C
Chauffage central D
BAIN DES FEMMES
Vestiaires e
Tepidarium f
Caldarium g
BAIN DES HOMMES
Vestiaires h
Frigidarium k
Tepidarium l
Caldarium m
Via Stabiana
Via dell'Abbondanza
Vic. del Lupanare

Terme Stabiane★★★

Le plus ancien établissement de bains de Pompéi (2e s. av. J.-C.), très bien conservé, comprend un **bain des femmes** (au fond à droite), avec vestiaires, tepidarium et caldarium, et un **bain des hommes,** disposant d'un *frigidarium*. Contournez les thermes et empruntez le vicolo del Lupanare pour rejoindre le **Lupanare**, la plus grande des 25 maisons de prostitution que comptait la cité romaine. On y dénombre dix salles pourvues d'un lit en maçonnerie, réparties sur deux étages. Au-dessus des portes, remarquez les scènes érotiques. Les graffitis révèlent l'origine grecque ou orientale des prostituées.

Autour de la Casa dei Vettii★★★

La Casa dei Vetti, propriété de riches commerçants, les frères Vettius, évoque la dernière période de la vie de Pompéi. De l'entrée, on pénètre dans l'atrium avant d'accéder au jardin agrémenté de vasques et de jets d'eau. Le vaste triclinium à fond rouge (à droite du péristyle) est décoré de frises et de splendides scènes mythologiques.

La **Casa degli Amorini Dorati★** (maison des Amours dorés) appartenait à la famille de Poppée. Le propriétaire, amateur de théâtre, a fait surélever une aile du péristyle à la façon d'une scène. À quelques mètres, la Casa dell'Ara Massima recèle des **peintures★** très bien conservées.

La **Casa del Fauno★★** de l'autre côté du vicolo di Mercurio, était la plus vaste (3 000 m^2 !) maison de Pompéi. Elle possédait deux atriums et plusieurs salles à manger pour chaque saison. La villa était décorée de très nombreuses mosaïques, dont la *Bataille d'Alexandre* aujourd'hui exposée au Musée archéologique *(voir p. 66)*. N'hésitez pas à grimper au sommet de la **Torre di Mercurio** (au nord-est du site) pour une **vue★★** panoramique sur les fouilles.

Porta Ercolano★★

Principale porte de la ville, elle dispose de trois voûtes, la plus large pour les chars (au milieu), les deux autres pour les piétons. La **Porta Marina** (2e s. av. J.-C.), plus au sud, permettait seulement le passage des piétons (à gauche, par les escaliers) et des mulets (voûte de droite).

La **via delle Tombe★★** *(après la Porta Ercolano)* dégage une impression de grande mélancolie. Bordée de cyprès, elle témoigne de l'évolution des styles funéraires à Pompéi. Remarquez le monument de la prêtresse de Vénus, Mamia.

Villa dei Misteri★★★

Il faut s'éloigner un peu de Pompéi pour découvrir cette villa patricienne aux peintures mythiques. La partie résidentielle (à l'ouest), d'un grand raffinement, se distingue des dépendances (à l'est), réservées aux travaux agricoles et au logement des serviteurs. La salle à manger du quartier des maîtres abrite la splendide **fresque** à laquelle la villa doit son nom. Cette composition retrace les phases successives de l'initiation d'une jeune épouse aux mystères dionysiaques.

Les îles du golfe★★★

On a tout dit, tout écrit, tout chanté sur les îles de Capri, Ischia et Procida. Pourtant, en dehors de l'image strass et paillettes largement propagée par Capri et ses hôtes de marque, ces trois rochers de verdure coincés entre ciel et mer n'ont rien perdu de leur éclatante séduction. Le tout est de savoir éviter les itinéraires trop fréquentés.

➔**Conseil :** L'hébergement est hors de prix à Capri, plus abordable à Ischia, et l'offre est limitée à Procida. Il est tout à fait possible de passer la journée dans une île et de revenir le soir à Naples.

➔**Accès :** Différentes compagnies assurent des liaisons régulières et fréquentes avec les îles. *encadrés p. 84 et 88.*

Capri★★★

Résumer l'île à la ville de Capri, envahie par les touristes en journée, à sa place et à ses quelques rues bordées de commerces élitistes serait dommage. Très vite, l'île déploie ses séductions : petits sentiers traversant la campagne odorante, villas enfouis sous une végétation luxuriante, à-pics vertigineux sur une mer bleu turquoise…

Capri★★★

Façades claires, placettes et ruelles étroites, la ville aux tonalités méditerranéennes mêle influences espagnole et arabe. Depuis le port de Marina Grande, le funiculaire ou le bus *(1,80 €)* conduisent à la **piazza Umberto I★**, noire de monde en été dès la fin de la matinée. Par la via Madre Serafina, voûtée, et par la via Castello, vous arriverez au belvédère **Punta del Cannone★★** *(20mn à pied)*, qui offre une vue vertigineuse sur la côte sud.
De la piazza Umberto I, on rejoint les petits **Giardini di Augusto★** en quelques minutes par la via V. Emanuele. En contrebas, la **via Krupp★**, construite en 1902 par l'industrel allemand, déroule ses zigzags jusqu'à **Marina Piccola**. Dans la campagne se dessine la **Certosa di San Giacomo**, du 14e s. *(hiver : tlj*

LA TRAVERSÉE VERS CAPRI

Liaisons – *Toutes les 30mn depuis Naples Beverello* **E6** *de 7h à 20h en hydroglisseur (17,80 à 20,50 € aller simple ; 45mn). Env. 6 dép./j. en ferry depuis Naples Calata Porta di Massa* **G4** *(12,70 aller simple ; 1h30). Autres liaisons à partir de Sorrento, Ischia, Amalfi, Positano, Castellammare et Salerno.* **Informations touristiques** – *Piazza Umberto I - Marina Grande - Capri - ✆ 0818 370 634 www.capritourism.com - tlj en saison 8h30-20h30 ; reste de l'année : lun.-sam. 9h30-13h, 15h45-18h30, dim. 9h-13h.*

La via Krupp à Capri.

sf lun. 9h-14h ; été : tlj sf lun. 9h-14h ; 17h-20h. 4 € ✆ 0818 376 218). L'ancienne chartreuse abrite un lycée et un musée dédié au peintre allemand Karl Wilhelm Diefenbach, proche du symbolisme. L'excursion jusqu'à la **Villa Jovis★★** *(45mn à pied du centre-ville par la via Tiberio. 9h-13h, fermé mar. du 1er au 15 et le dim. du 16 au 31 - 5 €. ✆ 0818 370 381)*, fierté de Tibère, élevée sur le promontoire oriental de l'île, est la plus belle promenade à faire à Capri. On distingue bien les appartements impériaux, les logements des serviteurs et les citernes. De l'esplanade de l'église Santa Maria del Soccorso, vue plongeante (nord-est) sur l'île et sur les golfes de Naples et de Salerno. De là, on peut descendre *(15mn par la via Lo Capo)* jusqu'à la **Villa Lysis** *(ouv. en principe mai-oct. tlj sf lun. 10h-18h - entrée libre - se rens. au préalable à l'office de tourisme)*, sorte d'ermitage romantique élevé en 1905.

L'**Arco Naturale★** *(au sud de la Villa Jovis, accès de Capri par la via Matermania)* est le vestige d'une grotte paraissant suspendue au-dessus de la mer. De la Grotta di Matermania, en contrebas, un sentier descend vers la **Villa Malaparte** *(fermée au public)* - ancienne propriété de l'écrivain italien Curzio Malaparte (1898-1957), dont les lignes futuristes furent immortalisées dans le film *Le Mépris* de Jean-Luc Godard. Plus loin, du **Belvedere di Tragara★★**, s'offrent d'autres séduisants points de vue.

Anacapri★★★

Dans la partie haute de l'île, à l'ouest, c'est une localité aérée, beaucoup moins « bling-bling » que la capitale de l'île. La route qu'emprunte le minibus depuis Capri-ville, à flanc de montagne, dispense une vision vertigineuse sur le golfe de Naples, de Sorrente à Ischia. À la hauteur de la chapelle San Antonio, elle croise l'« escalier phénicien », taillé dans la roche, autrefois seule voie de communication entre Anacapri et Marina Grande.

Dans le centre-ville, vous visiterez la curieuse **Casa Rossa** *(via G. Orlandi, 78 ✆ 0818 382 193. avr-mai et oct. : 10h-17h ; juin-sept. : 10h-13h30 ;17h30-20h ; fermé lun. 3 €)* de style éclectique, édifiée par un colonel américain à la fin du 19e s. près de la tour aragonaise. Le sol de l'église **San Michele** *(piazza San Nicola, ✆ 0818 372 396 avr.-oct. : 9h-19h ; reste de l'année : 10h-15h. 2 €)* figure, en **céramiques★**, le paradis terrestre (1761). La **Villa San Michele★★** *(accès par la piazza Vittoria - ✆ 0818 371 401, www.villasanmichele.eu. Nov.-fév. : 9h-15h30 ; mars : 9h-16h30 ; avr. et oct. : 9h-17h ; mai-sept. : 9h-18h ; 5 €)*, abrite un musée dédié à son bâtisseur, le médecin et écrivain suédois Axel Munthe, amateur d'art et protecteur des oiseaux migrateurs de Capri. Du jardin, splendide **panorama★★** sur l'île et le Monte Tiberio (vers l'est).

On accède au **monte Solaro★★★** par un télésiège au départ de la piazza Vittoria. Du sommet (589 m), beau panorama sur l'île et le golfe de Naples jusqu'aux monts du sud de la Calabre. On rejoint ensuite Anacapri à pied en 50mn, en passant par la petite vallée Santa Maria.

En 50mn à pied du centre d'Anacapri *(par la via Caposcuro)*, par un sentier facile, vous atteindrez le **Belvedere di Migliera★** qui surplombe les précipices de la **Punta Carena★★** (du sommet de la falaise, superbe vue sur les Faraglioni et la calanque de la Grotte verte).

Sentiero dei Fortini★★

Sentier des Fortins. Env. 4/5h à pied. Retour en autobus ou taxi.

Le sentier serpente sur la côte ouest de l'île, entre la Punta Carena au sud *(voir itinéraire précédent)* et la Punta dell'Arcera au nord. Il traverse des paysages d'une rare beauté et croise plusieurs fortins construits pour se protéger des incursions des Sarrasins ; à l'époque napoléonienne, ils furent transformés en redoutes.

Tour de l'île en bateau★★★

1h30, de préférence dans la matinée. Dép. au port de Marina Grande - env. 17 €/pers.

Le clou est la **Grotta Azzurra★★** ou Grotte bleue *(au nord-ouest de l'île. Tlj 9h-17h ; 4 €)*, la plus célèbre des grottes marines de Capri. Le tour continue vers l'ouest en passant par les calanques d'Orrico, Rio, Mesola, la Punta Carena, la Grotte verte, les Faraglioni, la Grotte merveilleuse et la blanche, avant de revenir à **Marina Grande**. Il est aussi possible de gagner la Grotte bleue par voie terrestre depuis Anacapri *(50mn à pied, 15mn en bus)* ; des services de petites embarcations sont ensuite proposés.

Ischia★★

Bien qu'assez urbanisée, la plus étendue des îles du golfe (46 km^2) est surnommée l'« île verte » en raison de son abondante végétation. Sur ses côtes

LA TRAVERSÉE VERS ISCHIA (ET PROCIDA)

Liaisons – *Plus d'une dizaine de liaisons par jour en hydroglisseur (17,60 €) depuis Naples Beverello* **E6** *ou le port de Mergellina* **A8** *hors plan ; ferries de Naples Calata Porta di Massa* **G4** *ou Pozzuoli (11,50/12,20 €). Escale à Procida. Liaisons également à partir de Capri.* **Informations touristiques** – *Via Sogliuzzo, 72 - Ischia Porto - ✆ 0815 074 211/31 - www.infoischiaprocida.it - tlj sauf dim. 9h-14h, 15h-20h.*

se succèdent de jolies plages, criques rocheuses et ports colorés, tandis que l'arrière-pays conserve une authenticité certaine. Enfant de la lave et de la mer, Ischia est née d'une éruption volcanique à l'ère tertiaire. Les propriétés bienfaitrice de ses eaux thermales sont connues depuis l'Antiquité.

Ischia Porto et Ischia Ponte

À Ischia Porto (sans charme particulier, bordée de cafés et de boutiques) succède Ischia Ponte, à l'extrémité de laquelle le **Castello Aragonese★★** *(✆ 081 991 959 - www.castelloaragonese.it - avr.-août : 9h-19h30 ; reste de l'année : 9h-17h, 10 €)* se dresse sur un îlot rocheux. Construit au 15e s., ce château entouré d'églises s'ouvre sur le golfe de Naples. Montez au sommet pour profiter du **panorama★★**.

Lacco Ameno

Sous l'église Santa Restituta *(piazza Restituta)*, des fouilles ont mis au jour une basilique paléochrétienne et une nécropole. Le **Musée archéologique** *(Museo Archeologico de Pithecusae - corso Angelo Rizzoli, 210 - ✆ 081 900 356 - www.pithecusae.it, tlj sf lun. 9h30-13h, 16h-19h ; 9h30-13h en hiver ; 5 €)* retrace l'histoire de celle qui accueillit la première colonie grecque d'Ischia.

Forio

Les **jardins de la Mortella★★** sont riches de plus de 3 000 espèces exotiques. Des concerts y sont organisés l'été *(Giardini La Mortell - via F. Calise, 39 ✆ 081 986 220 - www.lamortella.org - pâques-oct : tlj sf lun. et merc. 9h-19h - 12 €, 20 € avec concert)*.

La **Villa La Colombaia**, dans le bois de Zaro *(via F. Calise, 130 - ✆ 0813 332 147 www.fondazionelacolombaia.it - tlj sf dim. 9h30-12h30, 16h-19h30)*, abrite un petit musée dédié à Luchino Visconti, dont c'était la résidence de vacances.

À la **Casa d'Ambra** (entre Forio et Sant'Angelo), on cultive les vignes d'où provient un excellent vin blanc, le Frassitelli.

Sant'Angelo★

Parking obligatoire à l'entrée du village.

L'ancien bourg de pêcheurs, très touristique, a été épargné par l'urbanisation. Les maisons aux façades claires escaladent la colline en face de laquelle se dresse un promontoire rocheux.

Monte Epomeo★★★

1h30 à pied AR. Accès à partir de Fontana, à quelques mètres du jardin public.

Du sommet du mont d'origine volcanique s'offre une vue panoramique sur l'île et le golfe.

Sant'Angelo, l'ancien bourg de pêcheurs sur l'île d'Ischia.

Baignade à Ischia

Les plus belles plages se trouvent sur la côte ouest : **San Francesco** et **Citara★**, plus prestigieuse, occupée par un gigantesque établissement thermal, I Giardini di Poseidone, séduisant ensemble de piscines disposées parmi les fleurs et les statues. **Marina dei Maronti★** (côte sud) a la faveur des Italiens.

Procida★

La plus petite des trois îles du golfe de Naples (4 km^2) est aussi la mieux préservée. Procida ne cherche pas à plaire : elle y parvient tout naturellement. Ici, la vie reste rythmée, depuis toujours, par l'arrivée des bateaux.

➔**Traversée :** *voir Ischia p. 88.*
Comptez 11,20 € en ferry (8,70 € depuis Pozzuoli) et 14,70 € en hydroglisseur.

Le port de Procida

Maisons aux teintes ocre, linge aux fenêtres, pêcheurs réparant leurs filets, restaurant étalant leurs terrasses : le port est à l'image de Procida, attachant, insensible au temps qui passe…
À l'extrémité de la via Roma, à 500 m de l'embarcadère, jolie petite église Santa Maria della Pietà (1760).

Terra Murata★
Remontez le corso V. Emanuele, passez la Porta di Mezz'omo pour atteindre, à l'est du port, Terra Murata *(20mn à pied)*. C'est le nom du village fortifié que couronne le **château**, élevé par les Aragonais au 16e s. (puis transformé en pénitencier). Jusqu'à cette date, le bourg médiéval (7e s.) était l'unique zone habitée de l'île. Accroché à la roche, il domine la baie où se love le petit port de pêche de **Marina Corricella**, dont les maisons colorées à toit en terrasse semblent suspendues à la falaise. Comptez une petite heure pour flâner dans le bourg médiéval, avec ses églises, ses belvédères (**vues★** sur Capri et le golfe de Naples) et son **Abbazia di San Michele Archangelo** *(via Terra Murata, 89 - ✆ 0818 967 612, www.abbaziasanmichele.it - hiver : 10h-13h, 15h-17h ; été : 10h-13h, 15h-18h ; fermé dim. apr.-midi et lun. - 3 €)*. Construite vers le 10e s., remaniée aux 18e et 19e s., l'abbaye possède une grande église richement pourvue d'œuvres d'art, une bibliothèque contenant des manuscrits rares et deux chapelles souterraines décorées de fresque baroques ou de statues à la saveur populaire, l'une dédiée à saint Michel, l'autre à saint Alphonse. Après l'abbaye, longez la côte vers le sud pour rejoindre Marina Corricella en passant par la Punta dei Monaci.

Marina Corricella★
Immortalisé à l'écran par *Il Postino* (*Le Facteur*, avec Philippe Noiret) et *Le Talentueux Mr. Ripley* (remake de *Plein soleil*, avec Matt Damon et Jude Law), le petit port de Marina Corricella savoure sa célébrité avec humilité. Point de grands hôtels ni de complexes dévastateurs : seulement une poignée de restaurants, des petites barques et des maisons de pêcheurs à coupole ou terrasse, peintes en blanc, jaune, ocre ou rose. Rien ne semble avoir véritablement changé depuis l'époque où les jardiniers et les vignerons de l'île sont devenus marins pour écouler leur production. Flânez dans les ruelles en escaliers alentour.

Promenades à Procida
Les amateurs de criques et de panoramas marins iront à la **Punta del Pioppeto** (à l'ouest du port) et sur la côte est de l'île : **Punta Pizzaco** et **Punta Solchiaro**.
La vaste **Marina Chiaiolella★★**, dans le sud-ouest de l'île, coincée dans une anse harmonieuse, presque fermée, est un port de plaisance doublé d'un petit port de pêche (nombreux restaurants). À proximité, l'**isolotto di Vivara★**, relié à la terre ferme par un pont, possède une végétation de maquis typiquement méditerranéenne qui lui a valu d'être classé réserve naturelle.

Baignade à Procida
Les cinéphiles préféreront la **Cala del Pozzo Vecchio★★** (à l'ouest), surnommée « spiaggia del Postino », l'une des plus charmantes de l'île. La plage de **Ciraccio★**, au sud, est la plus grande et la mieux équipée de l'île, mais elle est plébiscitée par les Napolitains le week-end. Sur la côte est, la magnifique plage de **Chiaia★★** est surfréquentée en période estivale, malgré la centaine de marches qui y mènent *(accès possible par bateau depuis Marina Corricella)*.

La côte amalfitaine★★★

Comment résister au charme des petits villages côtiers suspendus entre ciel et mer ? Sauvage et accidentée, piquetée de vignes, d'oliviers et envahie par une végétation luxuriante au sein de laquelle se cachent des villas de rêve, la côte amalfitaine demeure synonyme d'une certaine dolce vita à l'italienne. Aujourd'hui, Positano, Amalfi ou Ravello attirent les foules et les mondains, fascinés par une nature généreuse et par un décor sans fausse note.

➔ **Conseil :** Évitez de venir en été, période pendant laquelle la corniche est souvent encombrée et les villages envahis de touristes. En haute saison, privilégiez les déplacements en bateau *(rens. et horaires sur www.metròdelmare.it)*.
➔ **Accès :** Entre Positano et Salerno, la route suit en corniche les accidents de la plus belle côte d'Italie qui, pour sa valeur naturelle et artistique, figure sur la liste du patrimoine mondial de l'Unesco depuis 1997.

Positano★★

Une cascade de maisons accrochées à la roche, de couleurs et de lumière se jetant dans la mer… Voici Positano ! Nombreux sont les artistes, tels Paul Klee, Cocteau ou Steinbeck, à avoir succombé au charme de cet ancien village de marins. Est-ce un hasard si Picasso se sentait chez lui parmi ces maisons cubiques ? Dans les années 1950, on s'y rendait pour s'habiller et se montrer. Aujourd'hui, on y parade encore.
Après avoir flâné dans les ruelles, descendez en direction de la piazza Flavio Gioia, où se trouve la petite église **Santa Maria Assunta**, construite au 13e s. et remaniée à l'époque baroque. Remarquez la Madonna Nera et sa coupole recouverte de céramiques.
Ne partez pas avant de vous être baigné sur l'une des plages de Positano, comme la **spiaggia del Fornillo** (gardée par les tours Clavel et Fornillo) ou la fameuse **spiaggia Grande**. De là, des criques sont accessibles seulement en barque *(prévoyez masques et tubas, rarement fournis)*.

Vallone di Furore★★

Entre deux tunnels, la « gorge de la Fureur » est la plus impressionnante entaille de la côte, par la sombre profondeur de ses parois rocheuses resserrées et escarpées, par le mugissement d'une mer sauvage qui, les jours de gros temps, déferle avec force. Une bourgade de pêcheurs s'est pourtant installée là, à l'endroit où débouche le lit d'un torrent. Les maisonnettes accrochées aux pentes et les barques de couleurs vives tirées sur la grève surprennent un peu dans ce paysage farouche.

Positano, ancien village de marins.

Un sentier longeant l'un des côtés de la gorge permet de découvrir différents aspects du site ; à côté d'œuvres plus traditionnelles, on pourra admirer les **« murs d'auteurs »**, peintures et sculptures contemporaines en plein air évoquant l'histoire locale.

Grotta dello Smeraldo★★

Accès par ascenseur depuis la route. ✆ 089 87 11 07 - www.amalfitouristoffice.it - 5 €. Accès également par bateau depuis le port d'Amalfi - 10 €. L'eau de cette grotte marine, d'une transparence exceptionnelle, doit son admirable couleur émeraude à la réflexion indirecte des rayons du soleil. Paraissant à portée de main bien qu'à 10 m de la surface, le fond n'a pas toujours été recouvert par la mer, ainsi qu'en témoignent les stalagmites surgissant curieusement de l'eau ; son immersion résulte du lent mouvement local d'affaissement de la croûte terrestre. Pendant la visite, un batelier vous emmènera faire le tour de la grotte et vous contera les légendes et les figures évocatrices associées aux stalagmites.

Amalfi★★

Juchées sur les pentes d'un vallon face à une mer d'un bleu intense, ses hautes maisons blanches composent un **tableau★★★** merveilleux. Amalfi jouit en outre d'un climat très agréable, d'où son succès auprès des vacanciers.

Centro storico★ – Depuis la piazza del Duomo, les via Genova, via Capuano (son prolongement) et **via dei Mercanti** (parallèle sur la droite) forment le **centre historique★** et commerçant de la ville, pittoresque avec ses façades toutes différentes, ses balcons et ses niches fleuries. Ruelles, petits escaliers et passages voûtés débouchant sur des placettes ornées de fontaines constituent autant d'éléments urbanistiques inspirés du modèle arabe.

Duomo di Sant'Andrea★ – *✆ 089 87 13 24 - visite du cloître du Paradis et du Musée diocésain avr.-oct. 9h-18h45 ; nov.-6 janv. et mars 9h-15h30 - fermé 7 janv. à fin fév. - 2,50 €.* Fondée au 9e s., agrandie aux 10e et 13e s., puis maintes fois transformée, la **cathédrale** témoigne du goût des cités maritimes pour la splendeur orientale. La façade, refaite au 19e s. sur le modèle de l'ancienne, s'élève au sommet d'un imposant escalier. Elle frappe par son appareil de pierres polychromes formant des motifs géométriques variés. À gauche, le campanile est le seul élément subsistant de la construction d'origine. Un vaste atrium précède l'église dans laquelle on pénètre par une **porte★** de bronze (11e s.) provenant de Constantinople. L'intérieur, de style baroque, comporte deux colonnes antiques, deux candélabres et deux ambons du 12e s. Par l'atrium, on pénètre dans le **cloître du Paradis★★**, bâti en 1268, où se mêlent l'austérité romane et la fantaisie arabe, et dont les galeries abritent quelques beaux sarcophages. Le **Musée diocésain** est installé dans la basilique du Crucifix, correspondant à l'ancienne cathédrale du 9e s. Faisant autrefois partie de l'édifice principal,

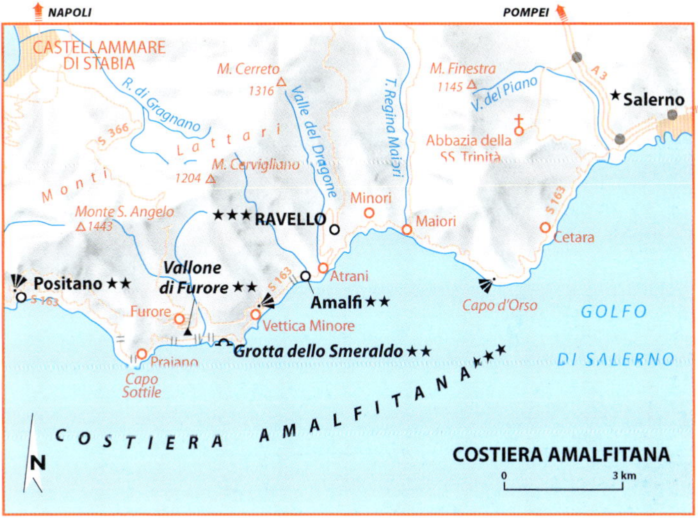

puis transformée dans le style baroque, elle a retrouvé ses formes romanes d'origine (remarquez la tribune ornée de fenêtres géminées ou simples, ainsi que les chapelles contenant des restes de fresques). Depuis la basilique, on accède à la crypte : elle renferme les reliques de l'apôtre saint André, transférées de Constantinople à Amalfi en 1206.

Museo della Bussola e del Ducato Marinaro – *✆ 089 87 11 70 - www.museoarsenaleamalfi.it - tlj (sf lun. de nov. à mars) 10h-13h30, 15h30-19h - fermé en fév. - 2 €.* Le « musée de la Boussole et du Duché marin d'Amalfi » occupe deux salles voûtées de l'ancien arsenal, symbole de la puissance marine de la cité. Une large place est consacrée à la collection de boussoles, instrument popularisé par l'Amalfitain **Flavio Gioaia** au début du 14e s. (sans en être l'inventeur) et utilisé alors par la flotte du duché. Cartes, livre anciens, monnaies, sculptures et tenues d'apparat illustrent le riche passé de la ville.

Ravello★★★

Suspendue entre ciel et mer, Ravello accroche ses ruelles, ses escaliers et ses passages voûtés à une colline, composant un **site★★★** inoubliable. Au cours des siècles, sa sobriété tout aristocratique attira artistes, musiciens et écrivains, parmi lesquels le Bloomsbury Group de Virginia et Leonard Woolf, D. H. Lawrence, Graham Greene, Gore Vidal, Escher ou Miró.

Pour cette ville inoubliable qui séduisit Richard Wagner, le grand architecte brésilien **Oscar Niemeyer** (1907-2012) a conçu un élégant **auditorium** inauguré en 2010.

Villa Rufolo ★★★ – *Piazza Duomo - ✆ 089 85 76 21 - www.villarufolo.it - 9h-20h (hors sais. : 9h-1h av. le coucher du soleil) - 5 €.* Bâtie au 13e s. par les Rufolo, riche famille de Ravello citée par Boccace dans le *Décaméron*, elle servit de résidence à plusieurs papes, à Charles d'Anjou et, en 1880, à **Richard Wagner**, qui, en quête d'inspiration pour *Parsifal*, se serait exclamé à la vue du splendide jardin de la villa : « J'ai trouvé le jardin de Klingsor ! » On y pénètre par une belle allée ombragée ; après la tour gothique, on parvient au « cloître mauresque » aux arcatures entrecroisées surmontées d'entrelacs, forme décorative fréquente dans la Sicile normande. Une puissante tour, également du 11e s., domine les jardins somptueusement fleuris et l'architecture tout en décrochements de l'élégante villa. Des terrasses, splendide **panorama**★★★ sur des sommets découpés jusqu'au cap d'Orso, sur la baie de Maiori et le golfe de Salerno. Au premier plan : coupoles de l'église de l'Annunziata.

En été, les jardins sont le lieu idéal pour des concerts, avec pour coulisses le décor incomparable des arbres, des fleurs et de la mer. *Pour toute information, contactez la Società dei Concerti di Ravello - ✆ 089 85 81 49 - www.ravelloarts.org.*

Duomo – Fondée en 1086 et transformée au 18e s., la cathédrale conserve son campanile du 13e s. et une splendide **porte de bronze**★ (1179) signée Barisanus de Trani, fondeur et bronzier qui travailla également à la cathédrale de Monreale, en Sicile. La nef centrale, dont les colonnes antiques ont été dégagées, est dotée d'une magnifique **chaire**★★ couverte de mosaïques à motifs et animaux fantastiques d'une extrême variété (1272). À gauche, un élégant **ambon** du 12e s. est orné de mosaïques vertes représentant Jonas avalé et recraché par la baleine. Dans la crypte, un petit **musée** réunit des fragments de sculptures, des mosaïques et une **tête-reliquaire** en argent contenant les reliques de sainte Barbe. *✆ 089 85 83 11 - www.chiesaravello.com - 2 €.*

À gauche de la cathédrale, la Cameo Factory abrite un minuscule **musée du Corail** présentant des pièces de grande valeur artistique, dont une précieuse tabatière incrustée de camées.

San Giovanni del Toro – La rue du même nom, le long de laquelle se découvre sur la droite un splendide **belvédère**★★, conduit à cette belle église du 11e s. À l'intérieur, les arcades reposent sur des colonnes antiques. Remarquez ici la **chaire**★ du 11e s. richement décorée, un sarcophage romain *(collatéral droit)* et des fresques du 14e s. *(abside et crypte)*.

Villa Cimbrone ★★– *✆ 089 85 80 72 - www.ravellotime.it - 9h-20h (hors sais. : 9h-1h av. le coucher du soleil) - 6 €.*

En passant sous le porche gothique du couvent San Francesco, une charmante **ruelle**★ conduit de la piazza Vescovado à la Villa Cimbrone, construite au début du 20e s. par un politicien anglais, Ernest

William Beckett, baron de Grimthorpe. Le style de l'édifice est éclectique : comme une sorte d'hommage à l'histoire de Ravello, il évoque à la fois San Francesco et la Villa Rufolo. C'est ici que se réunissaient, autour de Virginia Woolf, les romanciers et essayistes britanniques du groupe de **Bloomsbury**, très actif dans les années 1920, auxquels se joignirent ensuite des artistes et des intellectuels. À l'entrée de la villa, aujourd'hui transformée en hôtel de luxe, s'ouvrent sur la gauche un magnifique cloître et une belle salle aux voûtes en ogives. Une grande allée traversant les splendides jardins mène au belvédère dont la terrasse est jalonnée de bustes de marbre : de là s'offre un **panorama★★★** vertigineux sur les collines couvertes de cultures en terrasses, sur Maiori, le cap d'Orso et le golfe de Salerno.

Salerno★

Le long de la courbe harmonieuse de son golfe, Salerno conserve un quartier médiéval, sur les pentes d'une colline couronnée d'un château.

Du **lungomare Trieste★**, belle promenade agrémentée de palmiers et de tamaris, on découvre une large vue sur le golfe.

Duomo ★★ – *8h-12h, 16h-20h. Laissez une offrande.* Dédiée à saint Matthieu, dont le corps se trouve dans la crypte, la cathédrale fut construite sous l'impulsion de Robert Guiscard et consacrée par le pape Grégoire VII en 1085. De style normand, elle a été remaniée au 18e s. et fortement ébranlée par le séisme de 1980.

On parvient à la porte des Lions (11e s.) par un escalier. L'**atrium** carré à appareil de pierres polychromes, colonnes antiques et arcades précède l'église proprement dite ; à droite, tour carrée du 12e s. Les **portes de bronze★** (11e s.) du portail central proviennent de Constantinople.

À l'intérieur, de dimensions imposantes, les deux **ambons★★**, richement ornés de mosaïques et reposant sur de fines colonnes à chapiteaux merveilleusement sculptés, forment avec le **chandelier pascal** et l'élégante **iconostase**, qui ferme l'arrière-chœur, un ensemble exceptionnel (12e-13e s.). Dans l'abside de droite s'ouvre une chapelle où les croisés venaient faire bénir leurs armes. Sous l'autel, tombeau de Grégoire VII, mort en exil à Salerno. Dans le bas-côté gauche, tombeau (15e s.) de Marguerite de Duras (Durazzo), femme de Charles III d'Anjou.

Museo Archeologico – *☎ 089 23 11 35 - tlj sf lun. 9h-19h45 - gratuit.* Dans l'agréable ensemble de San Benedetto, il rassemble des vestiges de la préhistoire à la dernière époque impériale, dont une admirable **tête d'Apollon★** en bronze (1er s. av. J.-C.) et une belle collection d'ambres préromains.

Musée archéologique national, Pan et Daphné.

R. Mattes /

Pour en savoir plus

Naples, fille du Vésuve

Excessive, bruyante, volcanique, changeante, déroutante, miraculeuse, secrète, sombre, lumineuse… La cité vésuvienne est tout cela, et bien plus encore. Un mot, pourtant, approche le mieux l'identité de cette reine de la mise en scène : le baroque. Car la fille du Vésuve est baroque en tout : excessive, sans concession, pleine de foi, bonne ou mauvaise. Nul besoin de hanter la chapelle Sansevero ou de s'étourdir de dorures au Duomo pour s'en convaincre : Naples théâtralise sa présence au monde. La rue est sa scène ; le Vésuve, son metteur en scène.

Naples ne tolère pas le juste milieu : elle se fait aimer ou haïr. Impénétrable, elle avance masquée, sans jamais cesser d'être elle-même, conservant une part d'ombre qui rend chaque visite unique. Naples la brouillonne bouillonne, fascine, agace, sans jamais laisser indifférent. Naples la rebelle aime son histoire comme on aime tout court, avec déraison, violence, absolu. Naples la croyante croit à tout, en désordre, et avec ferveur – au Saint-Esprit, à la Vierge, au sang du saint protecteur, qui se liquéfie deux fois l'an, ce mystère qu'aucun scientifique n'osa jamais percer, à Maradona aussi, ce dieu fait footballeur.

Naples dit tout et son contraire, et s'en moque puisque demain est un autre jour. Elle cultive ses paradoxes sans y penser, en dilettante, spectatrice d'elle-même et de ces siècles qui ont forgé son identité. Naples la baroque aime se voir belle en son miroir, alourdie d'or et de faste, fascinée par sa propre légende. Mais qui est-elle vraiment ?

19 septembre, 9h du matin

Pour comprendre Naples, il faut rejoindre la foule, baisser la garde : « devenir » napolitain. Un 19 septembre, 9h du matin, sur le parvis du Duomo. Il fait bon. L'été hésite à se retirer, il fait durer le plaisir. La ville entière s'est donné rendez-vous dans l'imposante cathédrale. Aujourd'hui, c'est jour férié. Les Napolitains sont venus assister au miracle de la liquéfaction du sang de saint Janvier **(San Gennaro)**, protecteur de la ville. Les premiers arrivés sont les plus âgés. Ils se pressent vers l'autel, le regard empli d'une dévotion muette. Ensuite viennent leurs enfants, en amateurs, puis les enfants de leurs enfants, tour à tour joueurs et râleurs. Il y a aussi les journalistes et leurs caméras concentrées vers la fiole minuscule, objet de culte et de spéculations. De chaque côté de l'autel, deux écrans géants retransmettent la cérémonie.

La cathédrale, d'ordinaire recueillie dans un silence respectueux, bruisse, s'impatiente, s'étonne, trépigne. Le sang se liquéfie : le brouhaha s'intensifie. Puis plus rien. Quelques signes de croix, un genou à terre. San Gennaro est reparti pour un an de protection. Rassurée, Naples sort de son église et rejoint la rue colorée. En bas des marches, de jeunes

garçons vendent des bustes du saint, de la barbe à papa, des Mickey gonflables. Certains retardataires rejoignent l'église pour injurier San Gennaro qui a oublié de réaliser leurs vœux ou le menacer de représailles spirituelles. Le miracle a eu lieu à 10h. La ville respire. Seule appréhension : la liquéfaction un peu tardive fait craindre une saison difficile pour le club de foot de Naples.
voir encadré p. 110.

Sacro-saint football

Le foot, l'autre religion des Napolitains. Avec son idole, élevée au rang de divinité par la rue napolitaine : sa majesté Diego Armando Maradona. Avec Naples, il gagne une Coupe d'Italie en 1987, la Coupe de l'UEFA en 1989 et une Super coupe d'Italie en 1990. Les murs lépreux de la Sanità, le quartier pauvre, rendent hommage au footballeur danseur. On s'arrache encore ses maillots et les T-shirt à l'effigie du Che qu'aimait porter « l'homme aux pieds d'or ». Le style Maradona ? Déroutant, magnifique, plein de ces improvisations qui font de sa ville d'adoption l'anti-« ville-musée ».

Le bonheur est dans la rue

L'autre personnage central de Naples, c'est la rue. Cette rue changeante, au caractère ombrageux, aux déguisements infinis, rue polichinelle, rue antique, rue qui fait peur. On la dit voleuse, elle se révèle câline, accueillante, parfois râpeuse. La rue se métamorphose au gré des saisons et des heures. La rue est pleine de bruits, de scooters qui vrombissent, d'autos qui rebondissent sur la pierre lavique. Il y flotte l'odeur matinale des *sfogliatelle*, la pâtisserie typique de Campanie, et celle, délicate, du café. Des hommes y parlent de tout, d'autres de rien. L'intimité des *bassi*, minuscules habitations ouvertes sur la rue, s'affiche sans fausse pudeur. Des paniers descendent en apesanteur, vides, et remontent, miraculeusement remplis, jusqu'aux étages. Des ruelles obscures ou *vicoli* semblent mener au centre de la Terre. Les enfants, ces demi-dieux rieurs, y courent et trébuchent, leurs sandales claquant sur les pavés.

Un caractère volcanique

Enfin il y a le Vésuve, père protecteur, qui surveille ou châtie et offre à Naples un décor magique. Coincée entre le sombre Vésuve et le pâle volcan Solfatara, près de Pozzuoli, la ville est un ventre, un chaudron de bruit, de fureur et de vies. On s'y agite beaucoup, pour peu de choses. Le soir venu, après l'école, les gamins aux yeux espiègles reprennent leurs droits. Ce sont peut-être eux les vrais maîtres de la cité. Ils sont partout, courent, s'esclaffent, jouent au ballon. La rue a trouvé ses princes. Les passants s'en amusent et s'arrêtent parfois pour quelques passes. Le Vésuve les surveille, de loin, et il les aime, ces lutins des rues. Ce sont ses enfants aussi, après tout. Lui aussi s'amuse avec le soleil, qui fait le gros dos sur ses pentes charbonneuses. Le noir arrive sur la pointe des pieds, sans faire de bruit, le Lungomare s'illumine, les scooters pétaradent joyeusement. La nuit est là. Naples l'accueille en souriant, et nous sourions avec elle.

Dates clés

Les origines (753-31 av. J.-C.)

753 - Fondation de Rome par Romulus.
6e s. - Fondation de Neapolis (la Ville Neuve) par des colons grecs de Cumes.
509 - Naissance de la république.
390 - Invasion des Gaulois.
4e s. - Naples conquise par Rome.
264-146 - Guerres puniques. Destruction de Carthage.
125 - Les Romains en Gaule méridionale.
58-51 - Campagnes de César en Gaule.
44 - Assassinat de César.

L'Empire romain (27 av. J.-C.-476 apr. J.-C.)

27 - Octave reçoit le titre d'Auguste.
54-68 - Règne de Néron.
96-192 - Dynastie des Antonins.
270-275 - Rétablissement de l'union de l'Empire par Aurélien.
313 - Liberté du culte (édit de Milan) ; Constantinople capitale de l'Empire.
379-395 - Règne de Théodose le Grand : partage de l'Empire (Orient/Occident).
476 - Odoacre dépose le dernier empereur, Romulus Augustule.

Le Moyen Âge (5e s.-13e s.)

535-553 - Reconquête de l'Italie par Justinien.
590-604 - Évangélisation des Germains et des Anglo-Saxons par le pape Grégoire Ier le Grand.
752-774 - Rapprochement du pape et des Francs face à la menace lombarde.
800 - Charlemagne couronné empereur d'Occident à Rome.
962 - Fondation du Saint Empire romain germanique par Otton Ier.
11e s. - Les Normands en Italie du Sud ; début des croisades.
1167-1176 - Ligue lombarde contre l'empereur ; victoire du pape.
1266 - Charles d'Anjou couronné roi de Sicile.
1282 - Vêpres siciliennes.

La Renaissance (15e s.-début du 16e s.)

1302 - Dynastie d'Anjou à Naples.
1402 - L'empereur germanique battu par les milices lombardes.
1442 - Alphonse V roi des Deux-Siciles.
1453 - Constantinople prise par les Turcs.
1492 - Mort de Laurent le Magnifique ; découverte de l'Amérique par Christophe Colomb.
1495 - Intervention de Charles VIII en Italie.

Du 16e s. à l'époque napoléonienne

1503-1707 - Naples rattachée à l'Empire espagnol.
1527 - Sac de Rome par Charles Quint.
1545-1563 - Concile de Trente : réforme de l'Église.
1559 - Traité du Cateau-Cambrésis : domination espagnole.
1707-1734 - Naples sous domination autrichienne.

1734 - Charles de Bourbon roi de Naples.
1796 - Bonaparte en Italie.
1809 - États pontificaux rattachés à l'Empire français.

Vers l'unité (1815-1870)

1815 - Congrès de Vienne : Risorgimento.
1831 - Fondation de la Jeune Italie.
1848 - Première guerre d'indépendance contre l'Autriche menée par la Savoie.
1849 - Avènement de Victor-Emmanuel II.
1859 - Seconde guerre d'indépendance : victoire des Piémontais et des Français.
1860 - Expédition des Mille : le Sud italien libéré de la domination des Bourbons.
Mars 1861 - Proclamation du royaume d'Italie par le Parlement de Savoie.

De 1870 à la Seconde Guerre mondiale

1871 - Rome proclamée capitale.
1911-1912 - Guerre italo-turque.
1915 - Italie ralliée à la Triple Entente.
1922 - Marche des fascistes sur Rome. Mussolini nommé chef du gouvernement.
1925 - Installation d'un régime dictatorial.
1929 - Accords du Latran.
1936 - Création de l'axe Rome-Berlin.
1940 - Entrée en guerre de l'Italie aux côtés de l'Allemagne.
1943 - Débarquement des Alliés en Sicile ; destitution de Mussolini.
1945 - Libération du pays.
1946 - Proclamation de la république.

De l'après-guerre à nos jours

1954 - De Gasperi président de la CECA.
1955 - Adhésion à l'ONU.
1970-1980 - « Années de plomb ».
1992 - Opération «Mani pulite».
1993 - Antonio Bassolino (Démocrates de gauche) maire de Naples.
1994 - Début de la IIe République et réunion du G7 à Naples. Silvio Berlusconi devient président du Conseil.
2001 - Manifestations altermondialistes. lors du G8 à Gênes. Élection de Rosa Russo Jervolino (coalition de gauche) en qualité de maire de Naples.
2006 - Victoire de L'Unione (coalition de centre gauche) aux élections législatives. Romano Prodi est désigné président du Conseil. Victoire de l'Italie au Mondial de football.
2007-2008 - Crise des déchets à Naples à la suite de la saturation des décharges.
2008 - Silvio Berlusconi revient à la tête du gouvernement.
2009 - Forum préparatoire des ministres de l'économie du G8 à Naples. Grave tremblement de terre dans la région des Abruzzes.
2010 - Nouvelle crise des déchets à Naples.
2011 - Après la démission de Silvio Berlusconi, Mario Monti forme un nouveau gouvernement destiné à redresser une Italie en pleine crise économique. Luigi De Magistris est élu maire de Naples.
2013 - Enrico Letta (Parti démocrate) devient président du Conseil.
2015 - Achèvement prévu du « nuovo Lungomare ».

Naples baroque

Le baroque

Réponse artistique à la Contre-Réforme, le baroque est censé illustrer avec virtuosité et faste la suprématie de la papauté. Ce courant exubérant et dynamique s'exprime pleinement à Rome, avec ses deux principaux représentants que sont **le Bernin** (1598-1680) et **Francesco Borromini** (1599-1667). Relayé par l'Église, mais aussi par tout un éventail d'ordres religieux florissants, Jésuites, Dominicains et autres Chartreux, il ne tarde pas à se répandre dans le sud de la péninsule, jusqu'à Palerme, en passant par Lecce, et bien sûr par Naples. Le baroque napolitain possède une identité très particulière, effet de l'influence qu'exercent d'abord Rome, puis les maîtres de la ville, l'Espagne et l'Autriche.

Don Pedro de Toledo

Naples prend l'allure d'une ville moderne grâce à l'action d'un Castillan, **don Pedro de Toledo**, nommé vice-roi en 1532. Ceinte de nouveaux remparts, elle est percée d'un axe nord-sud qui prend le nom de via Toledo, en l'honneur de son initiateur. Suivant les fossés de la cité antique, la via Toledo met en relation l'ancienne Neapolis gréco-romaine (Spaccanapoli) avec le nouveau siège du pouvoir espagnol, où se trouvent désormais les actuels Palazzo Reale et Teatro San Carlo. Situé à la pointe en surplomb, le Castel Nuovo défend l'entrée du port. Entre le Vomero et la via Toledo, un quartier de logements est rapidement loti au cours de la seconde moitié du 16e s. à l'intention des troupes espagnoles : il a conservé son nom de *quartieri Spagnoli*. À l'est de l'artère, c'est-à-dire du côté de la ville ancienne et de Spaccanapoli, le plan d'urbanisme prévoit d'élever une succession de palais appartenant à l'aristocratie.

Le premier baroque

Vers 1600, l'architecture des palais édifiés par la noblesse locale s'inspire encore profondément des modèles romains. L'architecte le plus important du moment, **Domenico Fontana** (1543-1607), œuvre d'ailleurs aussi à l'urbanisation de Rome. À Naples, il laisse plusieurs églises et surtout le Palazzo Reale, vaste et sobre construction très remaniée par la suite, dans laquelle l'architecte superpose les trois ordres antiques.

L'architecte et sculpteur **Cosimo Fanzago** (1591-1678), natif de Bergame, entretient une relation particulière avec Naples, ville pour laquelle il travaille quasi exclusivement. Cet infatigable artiste s'entoure d'une cohorte d'artisans. La cité lui doit quelques-uns de ses plus beaux monuments : une myriade d'églises, de chapelles, d'autels, de décors et de palais, comme le Palazzo Zevallos Stigliano. Surtout, grâce à Cosimo Fanzago, le baroque atteint à Naples sa plus belle expression : à l'église

et au cloître de la Certosa di San Martino, appelés à marquer durablement les esprits.
Cosimo Fanzago passe ainsi pour l'inventeur du « premier baroque» napolitain, art qui, sans abandonner complètement une certaine rigueur structurelle héritée du maniérisme, se caractérise par son goût du mélange des marbres colorés et par l'importance que prend le décor, d'un dynamisme, d'une richesse et d'une opulence inégalés.
L'art baroque est marqué à la fin du 17e s. par la personnalité de **Lorenzo Vaccaro** (1655-1706), auteur surtout de monuments funéraires appelés à servir de modèles au siècle suivant.

Le baroque au 18e s.

Naples connaît une importante extension urbaine au 18e s. Peuplée d'environ 100 000 habitants au début du 16e s., à son rattachement à la couronne d'Espagne, elle est alors devenue, avec 360 000 habitants, la deuxième ville la plus peuplée d'Europe après Paris. Les tremblements de terre de 1688 et 1693 ont occasionné de gros dégâts : nombre de façades d'églises, notamment, sont à relever, quand il ne s'agit pas tout simplement de remettre les édifices au goût du jour.
Deux noms émergent tout particulièrement au début du 18e s. D'abord celui de **Domenico Antonio Vaccaro** (1678-1745), fils de Lorenzo Vaccaro. Décorateur et architecte d'églises, il donne à Naples l'un de ses monuments les plus célèbres : le cloître Santa Chiara (1678-1745), agrémenté de merveilleuses faïences.
Ferdinando Sanfelice (1675-1748) demeure cependant le principal représentant de l'architecture baroque à Naples dans la première moitié du 18e s. Sanfelice construit des édifices religieux ainsi que des palais pour l'aristocratie de la ville. C'est à ce scénographe très théâtral que revient la paternité des plus beaux escaliers « ouverts » à double volée, comme celui du Palazzo dello Spagnolo, via dei Vergini. Édifiés au fond des cours et ouverts à l'origine sur des jardins, ces escaliers en forme de seconde façade constituent la grande originalité et le principal ornement des palais napolitains.

Scénographies baroques

À la différence de Rome, Naples possède peu de grandes places ornées de ces fontaines si chères à l'urbanisme baroque. La fontaine monumentale la plus « romaine » de la ville, dédiée à Neptune, est une œuvre collective à laquelle participa notamment Cosimo Fanzago. Elle a changé plusieurs fois d'emplacement avant de s'établir via Medina. Les autres ressemblent plutôt à des arcs de triomphe (Fontana del Giante, via Partenope, près du Castel dell'Ovo ; Fontana del Sebeto, à Mergellina).
Plus caractéristiques peut-être de la Naples baroque sont les **obélisques** ou *guglie* ornant les places. Utilisant différents matériaux, ces flèches ont été élevées en signe d'action de grâces : l'une après l'éruption de 1631 qui épargna la ville (*guglia* de San Gennaro), d'autres après la peste de 1656 (*guglia*

de San Domenico Maggiore et *guglia* de la piazza del Gesù, dédiée à l'Immaculée Conception).

Néoclassicisme napolitain

Après 1734, le royaume de Naples n'est plus sous la tutelle autrichienne. Le nouveau roi, Charles Ier, entreprend une vaste politique de rénovation de la ville. De nouveaux palais sont élevés, à commencer par celui de Capodimonte, tandis que le théâtre San Carlo voit le jour.
Luigi Vanvitelli (1700-1773) demeure le grand architecte au milieu du 18e s. à Naples : Charles III de Bourbon lui confie notamment les plans du grandiose palais de Caserta, dont il souhaite faire son Versailles. Au milieu du 18e s., le ton est maintenant à la rigueur, à l'équilibre, à la retenue néoclassique, esthétique que poursuit son fils **Carlo Vanvitelli** (1739-1821) à Naples.

Spécificités napolitaines

Le **portail** est un élément essentiel. En piperno (roche volcanique), l'entrée des palais présente un maximum de théâtralité et une complexité croissante avec le temps ; dans les églises, le portail est précédé d'un parvis et d'un escalier monumental.
L'allure très différente des **façades** des églises napolitaines surprend. Ici on trouve une double façade, là un portique, ailleurs une grande richesse décorative, plus loin les sobres effets chromatiques du marbre et du piperno. Pourtant, ces églises ont été élevées à peu d'années d'intervalle, ou sont quasi contemporaines. Adopter tel ou tel type de façade répondait à des codes indiquant l'appartenance de l'édifice à un ordre religieux précis. C'est l'explication généralement donnée à la très grande diversité de leur physionomie. Mais il peut aussi s'agir de raisons plus prosaïques : manque de place dans un tissu urbain extrêmement dense, remplacement des revêtements d'origine par du stuc pour souligner la polychromie tout en améliorant la luminosité, donc le pouvoir d'attraction de l'édifice…

Lexique d'art et d'architecture

Abside - Extrémité intérieure ou extérieure d'une église, derrière l'autel.
Atrium - Cour précédant la façade des édifices religieux paléochrétiens et romans. Dans la maison romaine, cour intérieure, au centre de laquelle se trouvait un bassin (impluvium), généralement entourée d'un portique couvert.
Basilique - Édifice religieux rectangulaire divisé en trois ou cinq nefs.
Bas-relief - Sculpture taillée dans la masse, dont elle se dégage avec une faible saillie.
Bossage - Motif ou revêtement architectural très utilisé à la Renaissance. Les pierres de façade sont taillées en saillie sur la paroi externe et entourées de ciselures profondes ou de lignes de séparation.
Chœur - Partie d'une église située entre l'autel et l'abside.

Croix (plan en) - Dans les édifices religieux, le plan en croix grecque est à branches égales, tandis que dans le plan en croix latine les branches du transept sont plus courtes.

Entablement - Couronnement moluré d'un édifice.

Fresque - De l'italien *a fresco* ; application de peinture sur un enduit frais (et non plus directement sur la pierre).

Fronton - Ornement, le plus souvent triangulaire, placé au-dessus des édifices, portes, fenêtres, niches.

Grotesques - Nom donné aux « grottes », vestiges romains enfouis sous la Domus Aurea (Maison dorée) à Rome. Il désigne des motifs d'ornementation fantastiques inspirés de l'Antiquité.

Haut-relief - Sculpture taillée dans la masse, dont elle se dégage avec une forte saillie.

Impluvium - Bassin bas au centre de l'atrium des maisons, qui permettait de recueillir les eaux de pluie.

Mandorle - Ovale peint ou sculpté en forme d'amande dans lequel le Christ apparaît en gloire dans les scènes du Jugement dernier.

Marqueterie - Assemblage de petites pièces de bois précieux, d'ivoire, de nacre ou de métal, incrustées ou plaquées sur un fond de menuiserie.

Narthex - Portique qui précède la nef d'une église.

Nefs - Parties allongées d'une église : la nef centrale (la plus vaste) et les deux ou quatre nefs latérales (ou bas-côtés).

Ogive - Arc tendu en diagonale servant à soutenir une voûte.

Palestre - Lieu public où se pratiquaient les sports antiques, notamment la lutte et la gymnastique.

Péristyle - Colonnade entourant la cour intérieure ou l'extérieur d'un édifice.

Portique - Galerie ouverte soutenue par un mur et une rangée de colonnes ou par deux rangées de colonnes.

Prédelle - Partie inférieure d'un retable ou d'un polyptyque composée d'une seule longue pièce ou divisée en petits panneaux représentant une série de sujets.

Purgatorium - Pièce destinée aux cérémonies de purification.

Retable - Construction verticale peinte ou sculptée généralement destinée à être placée sur l'autel.

Stuc - Décor en plâtre (gypse) imitant le marbre et destiné à enduire murs et plafonds.

Tesselles - Carrés de moins de 1 cm^2 de terre cuite, de verre ou de pierre taillée qui, une fois assemblés, forment les mosaïques ou les pavements.

Transept - Vaisseau transversal coupant la nef principale d'une église et lui donnant la forme d'une croix.

Triclinium - Salle à manger où les commensaux prenaient les repas étendus sur des lits disposés sur trois côtés.

Triptyque - Ouvrage de peinture ou sculpture composé d'un panneau central et de deux volets mobiles pouvant se rabattre pour le recouvrir.

Trompe-l'œil - Peinture donnant l'illusion de la perspective et des reliefs.

Religion et fêtes traditionnelles

À l'image de leurs voisins méditerranéens, les Italiens, particulièrement dans le Mezzogiorno, sont très attachés à leurs traditions familiales et religieuses. L'année est rythmée par la célébration des fêtes catholiques. Certains saints font l'objet d'un culte fervent, comme San Gennaro, principal saint protecteur de Naples. Ces manifestations révèlent combien les traditions restent vivantes et profondément ancrées dans le quotidien en Campanie.

Les Presepi napolitaines

Le mois de décembre commence avec la décoration de la **crèche** *(presepe)*, mentionnée dès le Moyen Âge. Le rôle des crèches, à Naples comme ailleurs, était de raconter l'histoire de la Nativité à des populations pour l'essentiel analphabètes. Il suffisait de faire varier la position des personnages ou d'en ajouter d'autres, en s'adaptant à l'« actualité » de la période de Noël. À l'origine, les crèches étaient installées dans les églises, comme c'est le cas aujourd'hui, et sur les principales places de la ville.
De simples statuettes en bois au 15e s., les figures devinrent en terre cuite au 16e s., parfois des mannequins en bois que l'on habillait pour plus de réalisme. Le caractère exubérant, coloré et bouillonnant de vie du baroque napolitain explique l'engouement extraordinaire que connaît la crèche napolitaine au 18e s. Débordant du cadre de l'église ou de la place publique, elle envahit désormais les palais : réaliser une crèche devient l'un des passe-temps favoris de l'aristocratie et de la haute bourgeoisie. Avec le temps, et l'émulation aidant, le décor des crèches ne cesse de se complexifier. Les scènes gagnent en profondeur, multipliant le nombre de plans, tandis que les personnages sont de plus en plus nombreux, pouvant dépasser la centaine. Les crèches baroques du 18e s. ne se contentent plus de raconter la Nativité. Multipliant les anecdotes, les détails réalistes et les scènes profanes, elles deviennent le reflet de la vie à Naples au 18e s. et autant de documents inestimables pour l'historien.

La Befana

L'Épiphanie, le 6 janvier, clôt officiellement les fêtes de Noël. C'est aussi le dernier jour des vacances de Noël. La croyance veut qu'une vieille femme, la Befana, sillonne alors le ciel sur un balai à la recherche de l'Enfant Jésus. Sur son chemin, elle dépose jouets et bonbons pour les enfants sages et un morceau de charbon pour les autres. À condition bien sûr qu'ils aient pensé, la nuit du 5 au 6 janvier, à laisser leurs chaussettes sur la fenêtre ou sur le balcon !

Le carnaval

Traditionnellement, le **carnaval** débute à Naples le 17 janvier, jour de la Sant'Antonio Abate. Sur les places de la ville, on amasse tout ce qui peut être brûlé jusqu'à former un grand bûcher sur lequel on place l'effigie du roi de carnaval, affublé d'un masque portant une pipe à la bouche. Jusqu'à la fin du mois se succèdent défilés de carnavaliers festifs, soirées animées en bord de mer, et claquements incessants de pétards. Aujourd'hui, le véritable roi du carnaval de Naples, c'est l'enfant. Il n'hésitera pas à vous poursuivre et à vous jeter des projectiles malodorants. Mais cela n'a pas toujours été le cas ! Sous Charles III, les festivités duraient un mois, jusqu'à Mardi gras. À côté des fêtes luxueuses et des défilés de chars splendides coexistait une tradition plus terrible, celle des **cocagnes**, liée à l'extrême pauvreté sévissant dans une ville comptant près de 20 % de sans-abri (soit env. 60 000 personnes). Sur la place royale étaient acheminées des tonnes de terre, puis on ajoutait toutes sortes de victuailles, fromages, cochonnailles, voire des animaux vivants afin de reconstituer une sorte de paradis terrestre. À midi, chaque dimanche précédant Mardi Gras, le roi apparaissait à son balcon. Après un coup de canon, les soldats qui gardaient la place se retiraient et laissaient la foule s'y engouffrer. Elle emportait tout ce qu'elle pouvait, égorgeant les animaux et les débitant sur place en quartiers. Les gens s'entre-tuaient. Chaque dimanche se transformait en un véritable bain de sang, avec de nombreux blessés et même des morts.

La Semaine sainte

Elle ponctue le mois d'avril de ses innombrables représentations et processions, qui symbolisent l'errance et le désarroi de la Vierge entre le moment où le Christ est arrêté et la Crucifixion. La ferveur s'exprimant les quatre jours de Pâques, qu'il s'agisse des chemins de croix ou de l'hommage aux défunts, est sans doute à mettre en relation avec la longue présence espagnole.

Les festivités de la Semaine sainte prennent une résonance toute particulière dans l'île de Procida. Pendant toute la journée du Vendredi saint, la statue du Christ mort est portée en triomphe de l'abbaye San Michele, sur les hauteurs de la vieille ville, jusqu'au port. À Sorrento, où les confréries sont nombreuses et actives, plusieurs processions se déroulent durant la Semaine sainte, chacune arborant une couleur spécifique.

La procession noire du Vendredi saint, avec ses pénitents vêtus de couleur sombre, est pathétique et accompagnée d'un chœur de plusieurs centaines de chanteurs entonnant un *Miserere*.

La frontière entre pratiques chrétiennes et rites païens n'est pas toujours très nette. Ainsi, pendant la Semaine sainte, dans l'île d'Ischia, les festivités catholiques s'accompagnent de *ndrezzate*, célébrations d'anciens rites de fécondité chantés par des hommes munis d'épées et de bâtons.

LA FÊTE DE SAN GENNARO

La fête de saint Janvier, saint patron de Naples, incarne à merveille l'imbrication entre sacré et profane qui caractérise la piété napolitaine.
En 305, Gennaro, évêque de Benevento, est décapité par les Romains près de Posillipo, entre Pozzuoli et le cratère volcanique de Solfatara (à l'ouest de Naples). Quelques gouttes de sang du martyr sont recueillies dans deux ampoules de cristal. Chaque année, le premier samedi de mai et le 19 septembre, la foule se presse au Duomo pour assister au miracle de sa liquéfaction. Si le sang est fluide et coule vite, l'année promet d'être généreuse pour les Napolitains. San Gennaro les protégera des épidémies, des colères du Vésuve, et assurera peut-être la victoire de leur équipe de foot ! Les Napolitains ne manqueraient la fête pour rien au monde. Il faut venir aux aurores pour apercevoir quelque chose !

Les saints

La Vierge Marie occupe, si l'on peut dire, la place d'honneur. Le 15 août, la fête de Ferragosto honorant la mère du Christ donne lieu à d'importantes célébrations à Naples comme dans tout le sud de l'Italie. À côté de la vénération de la Vierge, fêter le saint protecteur d'une ville en souvenir d'une action héroïque ou miraculeuse est une pratique encore très courante en Campanie. Durant ces manifestations, la ferveur catholique se mêle souvent à des rites teintés de paganisme. Elle s'accompagne aussi de tout un cortège de superstitions. Tel ou tel événement sera volontiers interprété comme un signe envoyé par le divin. À l'instar des rêves que l'on a pu faire, il suffira de consulter la *smorfia*, le « livre des songes », pour traduire l'événement observé en chiffre, puis d'inscrire celui-ci sur sa grille de loto, jeu auquel les Napolitains vouent une véritable passion.

Le malocchio

Le *malocchio*, c'est le « mauvais œil », la jettatura, la malchance ou le mauvais sort, dont il faut à tout prix se protéger. Le moyen le plus simple est de faire comme les Napolitains, c'est-à-dire de toucher l'une de ces amulettes qu'ils ont toujours quelque part au fond de leur poche. Pour être efficace, le talisman doit répondre à des critères précis : avoir la forme d'une petite corne recourbée et pointue, être de couleur rouge, le tout rappelant l'aspect d'un piment *(corno rosso)*.
Par ailleurs, ces talismans contre le mauvais œil doivent impérativement être de consistance dure et rigide (en os ou en corail traditionnellement), et avoir été fabriqués à la main. Des vendeurs en proposent un peu partout dans les ruelles de Spaccanapoli. Inutile d'en acheter un pour vous-même ! Une amulette qui n'a pas été donnée en cadeau n'aura pas le pouvoir d'écarter le mauvais sort qui s'acharnerait sur vous !

Saveurs napolitaines

Riche en poissons, crustacés et coquillages, la cuisine napolitaine fait aussi la part belle aux saveurs venues de Campanie, aux légumes et aux produits laitiers. On a tort de la limiter à la seule pizza, de n'y voir qu'une sorte de « cuisine de pauvres » : elle est un hymne aux saveurs de la terre et de la mer.

La pizza

Dès l'époque romaine, on consommait des fougasses à l'huile d'olive, agrémentées de sauge, de romarin, d'oignons ou d'olives. Le terme *pizza* dériverait du latin *pinsa*, qui signifie « aplati ». La *pizza margherita* est inventée à Naples en 1889 pour la reine Marguerite de Savoie. Elle reprend les couleurs du drapeau national : sauce tomate pour le rouge, basilic pour le vert et *mozzarella* des Apennins du Sud pour le blanc. On connaît le succès, et les avatars malheureux, de cette recette à travers le monde. Avoir consulté les pizzaioli de la région de Naples, le ministère de l'Agriculture italien a fait paraître un article au *Journal officiel* rappelant la recette traditionnelle : la vraie pizza doit être circulaire, ne pas dépasser 35 cm de diamètre ni plus de 3 mm d'épaisseur (2 mm supplémentaires pour la croûte). Outre la *margherita*, seules la *marinara* (ail et origan) et la *margherita extra* (tomates fraîches, *mozzarella* de bufflonne de Campanie et basilic) sont considérées comme les authentiques pizzas napolitaines. L'Associazione Verace Pizza Napoletana (www.pizzanapoletana.org) décerne le label Vera pizza napoletana aux établissements dignes de confiance.

COMPOSITION D'UN MENU

Évitez les menus à prix fixe, destinés aux touristes, et piochez à la carte parmi différentes rubriques. Commander primo et secondo piatto est exceptionnel, à moins d'avoir un très sérieux appétit !

Antipasti *(hors-d'œuvre)* **:** *de belles expériences culinaires en perspective, notamment pour les poissons, les fruits de mer, et la charcuterie.*

Primo piatto : *plat de pâtes, soupe ou potage (minestra ou zuppa) de légumes ou de poissons.*

Secondo piatto : *plat de résistance ; viande, poisson ou fruits de mer.*

Contorno : *la garniture du secondo piatto, très souvent des légumes poussant sur les terres fertiles de Campanie, donc variant au gré des saisons. Ils sont servis cuits (verdura cotta) ou crus, à commencer par la classique salade verte (insalata verde).*

Dolce : *le dessert, sauf exception, est rarement inoubliable, à moins de le commander dans un restaurant haut de gamme.*

La pasta

Les pâtes auraient été importées de Chine par Marco Polo. Cependant, les tombes étrusques de Cerveteri conservent la trace d'instruments de fabrication des pâtes, et de grands auteurs latins, Cicéron et Apicius, mentionnent déjà les lasagnes !
La recette est simple : il suffit de mélanger un dôme de farine de blé (de sarrasin ou d'épeautre dans les Abruzzes) à un peu de sel et d'eau, le tout agrémenté d'œufs frais le dimanche. Les femmes étaient chargées de pétrir longuement la préparation avant de la laisser reposer jusqu'à obtention d'une pâte fine et souple. Les machines à fabriquer les pâtes, dites *asciutte* (séchées à l'air), furent inventées au début du 19e s.
Naples possède ses propres spécialités de pâtes : des simples et populaires *spaghetti aglio e uoglio* (à l'ail et à l'huile) et à la *pasta e fagioli* (pâtes et haricots) à la *pasta della vigilia* (palourdes, pignons et raisin secs), servie le 24 décembre, en passant par les *maccheroni* en timbale et les *spaghetti alle vongole* (coques).

Secondi piatti

Les poissons, généralement issus d'élevage, sont vendus au poids et servis grillés ou *all'acqua pazza*, accompagnés de petites tomates. Les fruits de mer sont poêlés avec de l'ail et de l'huile. Parmi les spécialités figurent de nombreux plats à base d'anchois *(alici)* et de poulpes *(polpi alla Luciana)*.
Les plats traditionnels de viandes, ingrédient plus rare longtemps réservé à l'élite, sont moins nombreux. Citons tout de même le délicieux *cacciucco*, un ragoût épicé typiquement napolitain.

Douceurs

Le *tiramisù*, la *crostata* (tarte aux fruits), la *panna cotta* (crème cuite servie nature ou nappée d'un coulis de fruits rouges, de caramel ou de chocolat), l'*affogato al caffè* (glace à la vanille arrosée d'un café très chaud), le *budino al cioccolato* (flan au chocolat), le *zabaione* (sabayon) ou la *cassata siciliana* (crème de *ricotta*, chocolat et fruits confits) font partie des « classiques nationaux ». La *sfogliatella* (*ricotta* fraîche, vanille et orange confite), qui peut être *riccia* (en forme de coquillage feuilleté) ou *frolla* (petit chausson), est la reine des pâtisseries napolitaines depuis sa création au 18e s., conjointement avec le baba au rhum.
De nombreuses pâtisseries napolitaines sont associées à des fêtes : ainsi, la *pastiera napoletana* (tarte au blé cuit, *ricotta*, fleur d'oranger), inséparable de Pâques.
Que dire des glaces napolitaines *(gelati)*, sinon qu'elles sont les plus variées, les plus généreusement servies, et peut-être les meilleures d'Italie ! Et que ce serait un crime de quitter Naples sans avoir visité l'un de ses nombreux glaciers !

Fromages

C'est l'une des grandes fiertés de Naples et de sa région ! La *mozzarella di buffala campana*, vendue sous forme de boules,

UN CAFFÈ !

C'est le cri de ralliement matinal des Napolitains lorsqu'ils pénètrent dans les établissements aux effluves corsés. Le café, à Naples, est une religion : selon les règles (pas toujours respectées !), il est servi sucré afin de rester mousseux et accompagné d'un verre d'eau, souvent pétillante. On raconte que les Napolitains ont coutume de boire l'eau avant le café, tandis que les Siciliens préfèrent la prendre après. L'espresso napolitain, serré dans une demi-tasse, se déguste debout, au comptoir, par petites gorgées.

est la star des fromages de Campanie et l'ingrédient obligé d'une bonne pizza. La *ricotta* est un fromage frais consommé salé ou sucré. À tester enfin, bien que plus rares : la *provola*, fromage à pâte filée issu de lait de bufflonne, et le *fior di latte*, *mozzarella* à base de lait de vache très utilisée par les glaciers.

Vins et boissons

Les Napolitains accompagnent leur repas d'eau minérale, de bière, et de vin dans les grandes occasions. La Campanie produit d'excellents vins (18 DOC et 3 DOCG, équivalents des AOP/AOC). Le plus anonyme *vino della casa* en pichet peut s'avérer tout à fait buvable. Les meilleurs vins (DOCG) proviennent du centre de la Campanie : le Taurasi (rouge), le Fiano di Avellino (blanc) et le Greco di Tufo (blanc). Les appellations Campi Flegrei, Ischia, Capri, Vesuvio, Penisola Sorrentina et Costa d'Amalfi sont originaires de Naples et de son golfe (blancs, rouges, plus rarement rosés). En fin de repas, on vous offrira certainement un petit verre de *limoncello*, digestif naturel à base de citron, provenant de Capri ou de la côte amalfitaine. La *grappa*, quant à elle, est un marc de raisin originaire de Vénétie.

Le café

Il se commande *ristretto* (serré) ou *lungo* (allongé), à moins de souhaiter un *cappuccino* ou un *macchiato* (café noisette). Accompagné d'un pousse-café, c'est un *corretto*.

Les Napolitains ont adopté tardivement le café, au 19e s. La clameur des vendeurs ambulants anime la ville avant que n'apparaissent les grands cafés historiques, comme le Gran Caffè Gambrinus *(voir p. 56)*, fondé en 1860. Dès lors, le café devient un lieu convivial de rencontres et d'échanges. Rythmant la vie des Italiens, le petit noir se boit de mille et une façons. Le secret de celui que l'on prépare dans la cafetière napolitaine réside dans le *coppetiello*, petit cône de papier placé sur le bec qui conserve au café tout son arôme. Cette cafetière se compose de deux parties superposées. Quand l'eau bout dans le récipient inférieur, tout l'art consiste à filtrer rapidement le café en retournant les deux parties d'un seul coup. Seuls les Napolitains réussissent l'opération en évitant éclaboussures et brûlures ! Contrairement à la cafetière traditionnelle (ou *moka*) qui grogne, on dit que la napolitaine chante…

Politique et économie

De solides atouts

La capitale du Mezzogiorno a de solides atouts pour devenir une grande et florissante métropole moderne. Ville démographiquement active, la plus jeune d'Italie, Naples possède un très fort pouvoir d'attraction. Avec ses plages bordant le littoral du golfe et des îles, ses paysages éblouissants, son patrimoine artistique d'une richesse inépuisable, Naples et sa région attirent des milliers de visiteurs et profitent de la manne d'un tourisme en plein essor, favorisé par la présence d'un grand port capable d'accueillir des croisiéristes toujours plus nombreux.

En outre, Naples possède un arrière-pays fertile. La Campanie est la première région agricole du Sud italien. En terrasses, sur les riches terres volcaniques des versants du Vésuve, poussent céréales, légumes, agrumes et vignes, tandis que les sols à haut rendement des plaines sont favorables à toutes sortes de cultures à forte valeur ajoutée : vergers, maraîchage, céréales, betterave sucrière, vigne…

Difficile relation avec le pouvoir

Naples passe pour une ville pauvre, polluée, comme engluée sous l'effet d'un manque d'infrastructures et d'un mal chronique qui se nomme **corruption**. Cette image, dont elle parvient difficilement et lentement à se départir, Naples la doit à sa longue histoire. Des efforts ont été menés pour redresser la barre, mais ils ont souvent été contrariés ou sont restés à l'état de vœux pieux, faute d'intérêt des maîtres successifs de la ville, puis de l'État italien. Naples, prise par les Romains au 4e s. av. J.-C., est soumise au Moyen Âge à la tutelle de Byzance, puis à celle des Normands, avant de subir la domination de la dynastie des Anjou et celle de l'Aragon à la Renaissance. Après être ainsi passée de main en main, Naples voit se succéder des vice-rois du 16e au 18e s. Nommés pour quelques années par l'autorité espagnole puis autrichienne, ces derniers s'intéressent peu à la ville à un moment où les grandes monarchies européennes modernisent leurs capitales et créent des manufactures. Seul **don Pedro de Toledo** fait exception à la règle avec ses travaux d'urbanisme. Naples n'existe durablement comme entité politique que sous les Bourbons, de 1734 à 1799, période pendant laquelle la cité brille enfin comme elle le devrait, c'est-à-dire comme l'une des plus grandes villes d'Europe. Pendant que les fouilles d'Herculanum braquent les yeux sur elle, Naples s'embellit et s'industrialise.

La suite n'est qu'une longue désillusion. L'unification italienne s'effectue largement au désavantage du Mezzogiorno et de Naples. Rome est choisie comme capitale. Pire encore, le considérable effort financier réclamé au Sud pour équilibrer le budget du jeune État bénéficie largement au Nord. En conséquence, le retard de développement de Naples et de l'Italie du Sud, qui existait déjà selon certains historiens, se creuse encore un peu plus. L'absence de politique d'industrialisation, au lendemain de l'unification italienne, accentue une pauvreté et un chômage déjà endémiques. Dès lors, pour survivre, la seule solution est souvent d'émigrer vers le Nord ou de participer aux agissements de la mafia locale, la **Camorra**.

Se relever

Malgré le manque d'infrastructures, Naples et sa région parviennent à attirer de grandes entreprises au lendemain de la Seconde Guerre mondiale, de la construction automobile à l'industrie lourde. Favorisée par son port, aujourd'hui encore l'un des plus importants d'Europe, la ville rattrape son retard et devient le troisième centre industriel du pays. Traversant une grave crise dans les années 1970, le secteur industriel se diversifie, s'orientant notamment vers les technologies de pointe. Parallèlement, le tertiaire connaît un essor important. Aujourd'hui, il emploie plus de la moitié des actifs. Dans le même temps, la cité s'étend sans véritable schéma directeur autour d'un centre historique comme figé, impression que l'on ressent encore aujourd'hui. Des quartiers neufs naissent sur le littoral vers l'ouest. Les faubourgs populaires s'étendent à l'est de la piazza Garibaldi et le long du littoral est, où alternent ensembles résidentiels et complexes industriels. Les classes moyennes s'installent sur la colline du Vomero. Quant aux classes aisées, elles campent depuis plusieurs générations sur la colline de Posillipo et dans le quartier de Chiaia. Régulièrement, la ville est secouée par des affaires de corruption et de spéculations immobilières opposant les édiles, comme celle qu'a immortalisé Francesco Rosi dans *Main basse sur la ville* (1963). Le tremblement de terre de 1980, imposant la construction d'urgence de 20 000 logements, s'accompagne lui aussi d'un cortège d'affaires douteuses, sans que l'on se soucie de créer les indispensables routes et autres infrastructures.

Un renouveau ?

Le *Nuovo Rinascimento Napoletano*, coïncidant avec l'élection d'un enfant du pays, **Antonio Bassolino**, à la mairie de Naples (1993-2001), va changer la donne. Est alors engagée une politique ambitieuse de restauration du patrimoine, d'élan culturel et de développement des transports en commun. Devenu président de la région Campanie (réélu en 2005), Antonio Bassolino est remplacé par son adjoint, puis par **Rosa Iervolino**, dite Rosa Russo Iervolino, élue maire également sous la bannière de l'alliance de L'Olivier (centre gauche). Première femme à la tête de la municipalité, Rosa Russo est réélue en 2006. Les élections de 2011 adouberont maire de Naples, à la surprise générale, le quadragénaire

GOMORRA
Le livre de **Roberto Saviano** *est une immersion dans les eaux troubles de la Camorra napolitaine. Son auteur vit sous escorte policière depuis la parution de l'ouvrage, vendu à plus de 4 millions d'exemplaires dans 42 pays. Saviano explore de l'intérieur une région dominée par la criminalité organisée, sur fond de guerres entre clans rivaux et de trafics en tout genre : contrefaçon, armes, drogue et déchets toxiques. Adapté à l'écran en 2008 par Matteo Garrone, Gomorra a reçu le grand prix du Festival de Cannes 2008.*

Luigi De Magistris. L'ancien juge d'instruction aura su fédérer les votes des progressistes de gauche et des conservateurs soucieux d'ordre et de sécurité. Il promet de mener une politique d'investissements tous azimuts, d'endiguer le chômage (plus de 30 % des actifs, dont 50 % de femmes) et de résoudre le problème récurrent des déchets.

La crise des déchets

En 2008, 6 000 tonnes d'ordures s'accumulent dans les rues de Naples. La population est au bord de l'émeute, et les habitants excédés incendient les poubelles. Sans collecte différenciée, les rares décharges en activité et non saturées en Campanie ne peuvent accueillir légalement les déchets. La Camorra napolitaine, à l'affût, joue sa carte afin d'exploiter pour son compte le juteux marché de l'élimination des déchets. La situation se normalise peu à peu avec l'intervention de la protection civile et de l'armée.
Elle n'est pas réglée pour autant, loin de là : chaque soir, les poubelles débordent à Naples.

La Camorra

Structure moins familiale que la Cosa Nostra sicilienne, la Camorra recrute plus dans la rue. Apparue à Naples au début du 19e s., elle disparaît presque avant de renaître en 1950 à la suite du débarquement américain, source d'innombrables trafics dans la ville dévastée par la guerre. Dans les années 1980, ses activités concernent principalement la cocaïne, la prostitution et le détournement des allocations versées par l'État après le tremblement de terre. Dans les années 1990, la Camorra multiplie les opérations financières occultes et s'empare du secteur lucratif de la gestion des déchets. Plus tard, cet État dans l'État ajoutera de nouvelles sources de revenus avec l'immigration clandestine : Naples compte officiellement près de 70 000 immigrés, dont la moitié de femmes. En 2004, des règlements de comptes sanglants font tant de morts dans la banlieue napolitaine que des milliers de manifestants défilent pour condamner la violence et les pratiques mafieuses. Fin 2006, de nouveaux règlements de comptes font une vingtaine de morts. D'autres manifestations ont alors lieu, ainsi qu'en 2009.

Musique et opéra

Au début du 18e s., c'est à Naples, et non plus à Rome ou à Venise, que l'on entend les meilleurs opéras. La ville conserve le haut de l'affiche jusqu'à la fin du 18e s., quand les castrats renommés dans le monde entier se produisent dans l'un de ses nombreux théâtres. Le **San Carlo**, aujourd'hui un peu à l'arrière-plan, est alors la scène la plus prestigieuse d'Europe, tant par sa capacité, étonnante pour l'époque, que par l'incomparable qualité de sa programmation.

L'opéra seria

Généralisé, sinon inventé à Naples, l'opéra *seria* fait se succéder, après une ouverture instrumentale, airs et récitatifs. Les chanteurs sont l'équivalent des stars d'aujourd'hui, à commencer par les *prime donne* et les castrats, dont les meilleurs, comme le célèbre **Farinelli**, sont formés à Naples. Les airs permettent aux chanteurs d'exprimer tout l'éventail de leur talent, d'émouvoir jusqu'aux larmes et d'émerveiller l'instant d'après par leur virtuosité, leurs ornements et leurs vocalises à la faveur d'une reprise ou *da capo*. L'opéra napolitain définit le « beau chant », le bel canto, imité dans toute l'Europe pendant plusieurs décennies, terme associé par abus de langage à l'art de Rossini ou de Puccini.

Le pionnier et le maître incontesté du genre à Naples est **Alessandro Scarlatti**, auteur d'une cinquantaine d'opéras. Sa musique, en avance sur celle de son temps, fait souvent penser à celle de Haendel, pourtant né 25 ans plus tard. Les livrets mis en musique s'inspirent volontiers de la mythologie ou de l'histoire. Ils racontent des histoires d'amour contrarié par la jalousie ou par l'ambition. Tout rentre généralement dans l'ordre et se termine par un happy end au troisième et dernier acte.

Naples est une pépinière de talents. Outre **Francesco Durante** (1684-1755), qui forme l'essentiel des compositeurs napolitains de la génération suivante, il faut citer **Nicola Porpora** (1686-1768), appelé à une carrière internationale, **Leonardo Vinci** (1690-1730), le très prolifique **Leonardo Leo** (1694-1744) et **Giovani Battista Pergolesi** (1710-1736), auteur du fameux *Stabat Mater*.

Les compositeurs de cette génération formeront les futurs talents joués aussi bien à Naples qu'à Vienne et dans toute l'Europe de la seconde moitié du 18e s. : **Niccolò Jommelli** (1714-1774), **Tommaso Traetta** (1727-1779), **Niccolò Piccinni** (1728-1800) et autres **Giovanni Paisiello** (1740-1816).

L'opéra-bouffe

Pendant l'entracte d'un opéra-bouffe, se jouent des *intermezzi*, intermèdes en forme de farces qui connaissent un gros succès auprès du public. *La Serva padrona (La Servante maîtresse)* de Pergolesi, donnée à Naples en 1733, déclenchera une querelle en 1752-1754, lors de sa reprise à Paris, entre les tenants d'une certaine tradition française perpétuée par Rameau et les partisans de Rousseau, favorable à la légèreté de l'*opera-buffa* à l'italienne. Né à Naples, l'opéra-bouffe connaîtra une brillante destinée. Après **Paisiello**, l'un de ses meilleurs représentants, il sera illustré par les plus grands, à commencer par **Wolfgang Amadeus Mozart** (*Les Noces de Figaro* ou *Così fan tutte*) et **Gioacchino Rossini** (1792-1868), directeur du Teatro San Carlo, avec *Le Barbier de Séville*.

Funiculì funiculà

Composé pour commémorer l'ouverture de la ligne de funiculaire du Vésuve, ce n'est là qu'un des standards de la chanson napolitaine, au même titre que les célébrisssimes *Reginella* ou *O sole mio*. La **chanson** populaire napolitaine, chantée par un ténor léger accompagné généralement d'une guitare, paraît désinvolte à une oreille peu attentive. Spontanée, elle se caractérise par son expressivité communicative, par une certaine tendresse et son approche compassionnelle. La tradition la fait naître au 18e s., mais certaines formes sont d'origine beaucoup plus ancienne, comme la tarentelle, danse alerte censée guérir celui (ou celle) qui a été piqué par une tarentule. La chanson *Cicerenella* est certainement la plus célèbre des tarentelles. La chanson napolitaine connaît son apogée au début du 20e s., par le biais des émigrants. Elle possède ses grands classiques : **Aurelio Fierro** (1923-2005) ou surtout **Roberto Murolo** (1912-2003). Bien vivante, la chanson napolitaine est incarnée aujourd'hui par des artistes évoluant dans l'univers de la musique ancienne, comme **Marco Beasley** ou **Pino De Vittorio**. Tous deux apportent un soin attentif à restituer la sonorité très particulière de la langue napolitaine.

LA COMMEDIA DELL'ARTE

Née au 16e s., la commedia dell'arte est une improvisation sur un thème réglé d'avance. Des personnages masqués y incarnent des types populaires tels le valet (Arlequin), paysan obtus mais rusé ; le fanfaron (Polichinelle) ; la soubrette (Colombine) ; l'amoureux (Pierrot) ; le fourbe (Scapin) ; le reître (Fracasse ou Scaramouche) ; le bouffe (Pantalon) et le musicien (Mezzetin), qui profèrent des traits de moquerie bouffonne, ou lazzi. Cette forme de théâtre, aux aspects caricaturaux parfois triviaux, exerça une influence notable en France aux 17e et 18e s.
Silvio Fiorillo *fut sans doute le premier acteur à jouer le Pulcinella grossier, au nez crochu, symbole de Naples, bien connu chez nous sous le nom de Polichinelle. Son fils,* **Tiberio Fiorillo**, *créa le personnage fanfaron du capitaine Scaramuccia (qui signifie « vieux renard »). Naples est encore aujourd'hui un haut lieu du théâtre (scenegiatta) qu'il soit d'avant-garde, politique, dramatique ou satirique.*

L'école napolitaine de peinture

Le Caravage et les ténébristes

Vers 1606, Michelangelo Merisi, dit **le Caravage** (1573-1610), fuyant Rome où il est accusé d'homicide, arrive à Naples. il y peint, entre autres, *Les Sept œuvres de miséricorde* au Pio Monte della Misericordia. Son art d'un réalisme cruel et sans compromis, utilisant des personnages empruntés au monde populaire et opposant de violents contrastes d'ombre et de lumière, exerce une profonde influence sur la peinture à Naples : **Giovanni Battista Caracciolo** (1578-1635), **Artemisia Gentileschi** (1593-1652), installée à Naples vers 1630, ou **Mattia Preti** (1613-1699), dit « le Cavalier calabrais », lui sont redevables.

Ribera

Caravagesque lui aussi, l'Espagnol **José de Ribera** (1591-1652) profite des faveurs des vice-rois pour devenir le peintre le plus important de la ville et accaparer les commandes de 1616, date de son installation à Naples, jusqu'à sa mort. D'un tempérament jaloux, on raconte que *lo Spagnoletto*, ainsi surnommé en raison de sa petite taille, aurait même été jusqu'à attenter à la vie de peintres venus travailler à Naples, comme Guido Reni, Giovanni Lanfranco ou encore le Dominiquin !

Rosa, l'inclassable

Salvator Rosa (1615-1673), né à Naples mais ayant peu travaillé pour sa ville natale, occupe une place à part. À la fois peintre subissant l'influence du Caravage, poète, graveur, acteur, auteur de pièces de théâtre et satiriste à la vie tumultueuse, Salvator Rosa joue un rôle de précurseur en donnant, comme son ami Claude le Lorrain, le premier rôle au paysage. Excellant dans la représentation des batailles et de portraits énigmatiques, il est aussi l'auteur d'étonnantes scènes de sorcellerie.

Entre baroque et classicisme

Baroque, mais déjà tenté par la clarté et le souci d'équilibre du classicisme, **Luca Giordano** (1634-1705) est un artiste dont la production considérable lui vaut le surnom de *fa presto* (« travaille vite »). Son art léger et décoratif, non dénué de fougue et d'une belle luminosité, se démarque de celle des autres grands décorateurs contemporains par son humanité et son refus de l'emphase (fresques à San Gregorio Armeno). **Francesco Solimena** (1657-1747) perpétue sa manière, avant de se rapprocher du ténébrisme et même du classicisme : ses peintures se caractérisent alors par des compositions équilibrées, où les effets de clair-obscur modèlent les volumes, leur conférant rigueur et solidité.

O

P

W

Collection Le Guide Vert sous la responsabilité de Philippe Orain

Édition	Natacha Brumard, Emmanuelle Souty
Rédaction	Denis Montagnon, Serge Guillot, Philippe Pataud-Célérier, Véronique Nègre
Cartographie	Stéphane Anton, Michèle Cana, Géraldine Deplante, Isabelle Delouvy Plan détachable réalisé d'après les données TeleAtlas. © TeleAtlas 2012
Relecture	Élisabeth Privat-Paulhac
Remerciements	Didier Broussard, Stéphanie Quillon, Marie Simonet, Maria Gaspar
Conception graphique	Laurent Muller (couverture et maquette intérieure)
Régie publicitaire et partenariats	business-solutions@tp.michelin.com *Le contenu des pages de publicité insérées dans ce guide n'engage que la responsabilité des annonceurs.*
QR Codes	QR Code est une marque déposée de Denso Wave Incorporated.
Contacts	Michelin Guides Touristiques 27 cours de l'Île-Seguin, 92100 Boulogne-Billancourt Service consommateurs : tourisme@tp.michelin.com Boutique en ligne : www.michelin-boutique.com
	Parution 2014

Michelin Travel Partner

Société par actions simplifiées au capital de 11 288 880 EUR
27 cours de l'Île Seguin - 92100 Boulogne-Billancourt (France)
R.C.S. Nanterre 433 677 721

Dépôt légal : 12-2013 – ISSN 0293-9436
Compograveur : Michelin Travel Partner, Boulogne-Billancourt
Imprimeur : Printer Trento (Italie)
Imprimé en Italie : 08-2014
Usine certifiée 14001
Sur du papier issu de forêts gérées durablement (100 % PEFC)

Écrivez-nous